福祉現場で役立つ

子どもと親の精神科

金井 剛 著

明石書店

はじめに

児童相談所に勤務するようになって、8年以上の歳月が過ぎました。人相手の仕事は何年経験しても易しくなるということがないように感じます。ましてや子どもの虐待は、その背景の複雑さや虐待者のもつ状況や人生の困難さまでも露わになり、それを受け止め支援する職員をたじろがせ、特に若い職員を疲弊させています。

児童相談所で働き始めて数年たった時に、人事のシステムが変更になり、それまで以上に短期間の周期で職員は転勤をしなければならなくなりました。ただでさえ専攻職が徐々に定年を迎え、新卒を含めた若い人が次々と職場を占めるようになり、子育ての経験者もほとんどいない状況になってきました。虐待の増加に伴って急激に職員の増員がはかられて、専門職ではない人までもがかり出されている自治体も珍しくはないようです。どこの児童相談所でも人材育成が急務となっているようです。

自分の面接や職員への助言、児童心理司や児童福祉司との事例検討会、援助方針会議など日々の業務の中で考えたことをメモして蓄積したものを、あちこちで講演し、時には論文にまとめる機会に恵まれてきました。一昨年の津市で開催された日本子ども虐待防止学会のシンポジウムでの筆者の発表に対して「現場にいるものにとって非常に助かる内容です。本や論文にしたものがあったら教えて欲しい」との意見をフロアからいただきました。そんな経験や明石書店からの勧めもあって、今回それらに加筆修正して一冊にまとめることになりました。福祉現場や医療現場、司法・教育現場などで、人を治療・支援する職業に就いて奮闘している人たちの実践に役に立つものをと考えて、内容は全て現場の体験にもとづいたものであることを目指しました。

本書は、簡単に児童相談所と子ども虐待について述べた後に、子どもの（精神障害や発達障害や虐待の影響の）理解と対応、次に虐待する親や精神障害を有する親など対応が困難と思われる親の理解と対応について述べました。さらにそれらの子どもや親のアセスメントのあり方、最後に家族再統合の実際という4章の構成から成り立っています。できるだけ多くの人に理解してもらえるように、専門用語を極力排除し、具体例をできるだけ多く入れ、読み易いものに仕上がったと思います。

現場での経験を重視して書いたために、不勉強ゆえに、身近な自分自身で経験した事例や調査結果を多く引用しました。もちろん事例については、詳細なプロフィールを抜粋することはせずに、言葉の一部分や状況の一部分を抜き取る、複数の事例を組み合わせるなどをし、個人が特定できないよう工夫し、プライバシーへの配慮をしました。

この本の読者が、自分の業務を遂行するにあたって、内容を参考にしまたは内容によって多少なりとも気持ちが楽になるようであれば幸いです。

二〇〇九年八月

著者

＊目次

序章　子ども虐待の現状と児童相談所

1　子ども虐待の現状と子どもたちの処遇について

大学病院の児童精神科から児童相談所に転勤して8年が過ぎました。それまでも嘱託医として十数年間、月に一度事例検討のために川崎市の中央児童相談所に通いましたが、常勤医として毎日勤務し始めると、日々新たに気づくこと感じることがあり新鮮でした。一時保護所にはカーテンもなくプライバシーはほとんど保障されていないこと、子どもたちの学習は職員の努力工夫だけで支えられていたこと、保護所の定員はないに等しく定員超過も仕方なしと考えざるをえないことなど、子どもに対する福祉が、発想も実際もあまりに貧弱であることに、驚きを感じました。20年ほど前に児童養護施設を初めて訪ねた時には、干してあった布団の汚さに驚きました。最近は徐々に古い建物が新しくなり、干してある洗濯物も以前よりはましになっていますが、職員の人数の少なさは相変わらずです。交換留学で来日したドイツ人学生から「日本の役所は立派な建物だけど、学校は貧弱で、子どもを大切にしない国なのか」と学生時代に質問されたことを時々思い出してしまいます。

子ども虐待発生の推移

１９９０年に厚生省（現厚生労働省）が子ども虐待の統計を取り始めた時には、全国で１１０１件であった子ども虐待対応件数は、一度も減少することなく増え続けて、２００７年には4万件を超えるようになりました。

実際はこの数倍から10倍ほどの報告されていない虐待があるのではないかと考える人もいます。横浜市でも同様の増加傾向が認められています。最近は例年６００件から８００件強の子ども虐待新規把握件数を数えて、08年度の対応件数は前年比13％増の２１０６件になりました。

厚生労働省の07年度の統計によると、虐待の種別は、身体的虐待が1万６２９６件（40％）、ネグレクトが１万５４２９件（38％）、性的虐待が１２９３件（３％）、心理的虐待が７６２１件（19％）となっています。横浜市の07年度の統計では、身体的虐待が39％、ネグレクト41％、性的虐待３％、心理的虐待17％とネグレクトが最も多くなっています。ネグレクトの増加はここ３～４年の傾向で、ネグレクトに対する周知と、親の養育能力の低下などが背景にあるように思います。性的虐待については、一昨年より増加傾向が認められており、これも性的虐待の周知による発見技術の向上と意識の高まりによるものと考えます。

被虐待児童の年齢構成については、０～３歳未満が18％、３歳～就学前が24％、小学生が38％、中学生が15％、その他が5％となっています。この年齢構成は発見時の年齢を表したものであり、虐待が始まった年齢はさらに低いものと考えなくてはなりません。就学後の児童の被害がやや増加している傾向にありますが、相変わらず乳幼児の被害が最も多く、半数近くを占めています。横浜市でもほぼ同様の傾向が認められています。

虐待者についても07年度の厚生労働省の統計を示します。実母63％、実父23％、実父以外の父親６％、実母以外の母親１％、その他７％となっています。この比率については例年同様の傾向で推移しています。直接子育てに携わる機会が少ないであろう、実父など男性による虐待が、２割以上を占めることには注目が必要です。今後の虐待予防などの方法や方向性を定める際に考慮すべき事柄であるといえます。

児童相談所を利用する事例と処遇の流れ――横浜市の場合

07度に横浜市の全4児童相談所（中央、南部、北部、西部）で取り扱った相談件数は1万3788件（08年度には1万4000件を越えました）で、このうち障害相談（知的障害、肢体不自由、重度重複障害など）が6822件（49・9％）と約半数を占めています。次に虐待を含む養護相談が3660件（28・6％）、不登校などを含む育成相談1799件（13・0％）、非行相談454件（3・5％）、その他と続きます。家の金の持ち出し、虚言、家庭内暴力、集団についていけない、不登校、非行傾向などの行動の問題、発達の問題、しつけや育児に関する相談など様々なあらゆる種類の相談が児童相談所には持ち込まれます。

基本的には保護者が自ら子どもを連れて来所しますが、虐待に関しては、近隣の住人、学校や保育園幼稚園、医療機関や警察など、様々な機関や個人からの通報や相談を受けて、関わりを開始することも多くあります。横浜市の場合は虐待対応チームが初期の調査や虐待者への虐待告知を行い、ある程度の調査が済むと、係長以上の全管理職が参加する会議（受理会議）に報告し、一時保護やさらなる調査継続など当面の方針を決定します。さらに社会診断・心理診断・医学的診断などを進めて、同メンバーによる援助方針会議で最終的な子どもの処遇が決定されます。常に集団で討議を行い、所長がその決定を行う形をとります。

援助方針会議で児童福祉施設入所措置の方針を決定したにもかかわらず、保護者の同意が得られない場合は、児童福祉法第28条によって、児童福祉施設措置に関して家庭裁判所の審判を仰ぐことになりますが、この場合はあらかじめ児童福祉審議会（学識経験者、医師などによる第三者機関）に事例報告を行って、申請の是非を確認してから申請を行っています。嘱託の弁護士の意見も必ず拝聴します。

05年度末現在に継続中の子ども虐待事例1736例の状況を示します。里親を含む児童福祉施設入所中児童339人（19・5％）で01年度末の2・2倍に急増しました。継続指導中児童918人（52・9％）、一時保護中児童48人（2・8％）、児童福祉司指導（児福法27条二号指導中）児童13人（0・7％）、調査中418人となっていました。例年継続中の虐待事例の2割ほどの子どもが施設に措置されています。

様々な児童福祉施設

子どもたちが家庭から分離されて措置される先は、児童福祉施設や里親です。児童福祉施設には、以下のような種類があります。ここでは定員の例として09年6月現在の横浜市の数をあげます。

①児童養護施設（横浜市所管8園、県所管12園、定員約550）：市所管施設に関しては、6月に新たに開設された30人定員の施設も含みます。8月にも新たに30人定員の施設が開設されます。
②乳児院（市所管3園、84人定員）
③児童自立支援施設（市所管男女各1園、35人定員）
④情緒障害児短期治療施設（市所管1園、46人定員）
⑤ファミリーグループホーム（市所管9カ所、54人定員）：横浜市独自の6人定員の施設。借り上げ家屋に夫婦（実子の有無は問わず）が住み込み、里親のような家庭的環境の中で子どもを養育している。
⑥自立援助ホーム（市所管2カ所、12人定員）
⑦知的障害児施設
⑧その他　重症心身障害児施設、肢体不自由児施設など

子どもの個性や特徴などと施設との相性を議論し、宗教的配慮などを行ったうえで措置先が決定されます。しかし最近横浜市では、いずれの施設も満床に近い状態が続き、子どもと施設の相性を考える余地がほとんどない状況にあります。

2　児童相談所の歴史と現状

精神科医になって間もないころ、当時勤務していた大学病院の精神科の講師から「児童相談所のアルバイトをしないか」と誘われました。子どもを診られる臨床の場に飢えていたため、即座に受諾しました。講師はこの時いたずらをし、謝金を実際の10分の1として伝えてきましたが喜んで受けました。実はこの時が、ほとんど初めて児童相談所について知る機会となりました。名前くらいは聞いたことがあるけれど、そこで何が行われているかを全く知らずにスーパーバイザーをしに行くことになりました。

子ども虐待による死亡事例等の報道から、最近は児童相談所の認知が進んだように思います。時には何もしない公的機関の代表のように扱われてしまうこともありますが、おおむね児童相談所職員の忙しさや、法律の不備などをある程度理解してくれているのか、多くのマスコミ報道が好意的であるように感じます。ある程度正しく児童相談所について知ってもらうことは大切なようです。

児童相談所の歴史

児童相談所は、1947年に制定された児童福祉法に則って、当初全国92カ所に設置されました。米国では1910年代には現在のわが国における児童相談所の原型のような相談機関が作られ、第二次世界大戦中には児童相談クリニックのネットワークが全米に確立されていました。一方でわが国では、戦前には大阪市、神戸市、東京に児童相談施設が数カ所ありましたが、これは慈善機関のようなものであり、法的な根拠を持った公設の相談所の設置は戦後が初めてでした。

児童福祉法の制定の背景には夥しい人数の戦災孤児の存在がありました。児童相談所の当初の業務は、これら戦災孤児への対応、主に施設等への入所措置が主たるものでした。その後戦後の混乱期の少年非行の蔓延から、61年をピークに非行相談が業務の中心になっていきました。70年代に入ると高度経済成長が進み、社会にある程度の経済的な余裕ができたためか、次には障害児相談が増加し、障害児施設の設置が進み、対応システムが出来上がっていきました。70年代からわが国でも報告が散見されるようになった不登校児童（当時は登校拒否と呼ばれていました）が徐々に増加し、それにともなって80年から90年代にかけては、不登校相談が児童相談所の業務の中心になっていきました。それも現在は教育機関やＮＰＯが役割の中心を担うようになっています。

90年に子どもの権利条約が国連で採択され、同年大阪に子ども虐待防止センターが設立され、子ども虐待の統計が作成されるようになりました。本邦でも遅れること4年、94年に子どもの権利条約への批准が実現し、96年には日本子どもの虐待防止研究会が設立され、子どもの権利や虐待への関心が高まり、それにともなって子ども虐待の把握件数が飛躍的に増加しました。その結果、21世紀になると児童相談所はその労力と時間のほとんどを子ども虐待に費やすことになり現在に至っています。

この間、平成12年には子ども虐待の防止等に関する法律が施行され、平成16年には児童福祉法（昭和22年施行）が大幅に改正されるなど、子ども虐待に関する法的な環境も、いまだ不十分とはいえ、徐々に整ってきています。

児童相談所の設置

わが国では、児童福祉法第12条によって「都道府県は児童相談所を設置しなければならない」と、児童相談所の設置が義務づけられています。その設置基準はおよそ人口50万人に対して1カ所とされていて、２００９年6月現在の全国の児童相談所は、２０１カ所になっています。それでも横浜市では人口約３６０万人に対して児童相談所は4カ所のみであり、１カ所の児童相談所が平均90万人の対象人口を抱えていることになります。全国の政令指定都市で複数の児童相談所を設置しているのは、横浜市と川崎市（2カ所）だけであり、児童福祉法による設置基準を大きく下回る自治体が多いようです。たとえば大阪市では、２００万人以上の人口に対して1カ所の児童相談所が対応しています。

同条文には「児童相談所には、必要に応じ、児童を一時保護する施設を設けなければならない」と一時保護所の設置も明確にしていますが、これも全国で１２４カ所（約60％）、と十分な設置状況ではないようです。横浜市では北部児童相談所以外の3児童相談所に一時保護所が設置されています。平成14年度までは定員30人（中央にのみ設置）でしたが、不足するたびに増床され、現在の定員は3児童相談所合計１３１人（中央56人、南部45人、西部30人：実質１２７人）となりました。

3　児童相談所の業務

児童虐待による子どもの死について時々マスコミ報道されることがあるためか、児童相談所の存在がだいぶ広く知られるようになりました。そんなイメージゆえか、子ども虐待への対応が児童相談所の主たる業務になってからは、児童相談所は「嫌われ職場」になってしまったそうです。時に危険をともない、ストレスが大きい職場であることは誰もが感じているようです。

それでも児童相談所の職員はなぜ懸命に働くのだろうかと時々考えることがあります。一つには、子どもという存在がそれだけの魅力を持っているということなのかもしれません。姿かたちや言うことなどがかわいらしいなどということだけではなく、多くの子どもは、普通の土壌の植物に肥料と水をあげればよく育つように、かけた労力や愛情や時間に対して義理堅く応え成長してくれます。関係性ができていく喜びを実感させてくれます。「ここに子どもがいるから」ということでしょうか。もう一つは、児童福祉司であれ、保育士であれ、児童心理司であれ、自分が中心となり自分の判断で家庭訪問し面接し施設措置の方向性を出していきます。病院では医師の判断・依頼や命令によって歯車の一部分としてしか機能できない職種も、児童相談所では子どもの担当として主役なのかもしれません。

そういったメリットや魅力がなければ、（特に若い職員が）児童虐待と面と向かうことはあまりに厳しいように思います。それだけに、児童相談所には様々な職種の職員がいて、それらが対等に、重層的に業務を遂行するように配置されているのだと思います。

児童相談所の業務

児童福祉法の第11条では、児童相談所の業務を、ア、市町村への情報提供と援助、イ、専門性を要する相談、ウ、精神保健上の判定、エ、児童・保護者に対する指導、オ、一時保護と定めています。また、児童相談所運営指針（日本児童福祉協会出版）では、児童相談所の業務としてさらに具体的に以下の四つが挙げられています。

①市町村援助機能（市町村に対する情報提供と援助）

道府県の多くは、広大で交通の便も良いといえない地域を、数カ所の児童相談所でカバーすることはかなり困難といえます。このため虐待への対応について、救急医療（基本的処置をする一次救急から、重症度や専門性に応じて、二次救急、三次救急に役割分担）と同様に、一次通告機関として市区町村を活用し、児童相談所はその専門性を生かして、困難例や児童福祉施設等への措置例を中心に支援を行うというように、二次通告機関としての（当然ながら一次通告機関としても）役割を担うようになりました。横浜市では、区と本庁の局との関係が、県と市町村ほどには明確になっていないためか、このような役割分担が不明瞭な傾向にあり、児童相談所には軽度な虐待から重度な虐待まで区別なく通告がされ、良い悪いは別として対応も幅広いままになっています。

②相談機能（相談、診断、判定業務）

基本的に相談を拒否できる要件はないので、子どもに関するあらゆる相談が持ち込まれます。面接相談が中心ですが、横浜市では、土曜日を含む日中には2回線の電話相談も受け付けています。

相談を受けると、必要に応じて心理テストを行い、精神科医療へつなげ、学校や保育・幼稚園などに出向いて行動観察を行いカンファランスを行ったりします。これらの業務も含めて相談機能と考えられます。

③一時保護機能

前述のように、児童福祉法に児童相談所は一時保護所を設置することが望ましいと明文化されています。親の入院や収監、虐待、親子関係不調、親の入国管理局収監、など様々な背景をもって子どもたちは入所してきます。時には子ども自身の問題行動などの観察のための入所もあります。厚生労働省の指導では、入所を原則2カ月以内としていますが、都市部の一時保護所では、虐待事例の多さや児童福祉施設の慢性的不足などによって、長期の入所になる場合も少なくありません。筆者の職場では、入所予定の施設側の都合もあり、保護期間が一昨年には1年3カ月に及んだ事例もありました。他都市では1年8カ月の例もあったと聞いています。

④措置機能

都道府県の職務として、児童の措置は規定されています。それを児童相談所長名で代行することができます。必要な家庭への指導の義務、里親への委託、児童自立支援施設や児童養護施設への入所などが「措置」とされます。里親への委託や児童福祉施設への入所には原則的には親の同意を必要とします。

児童相談所の組織と配属の例

児童相談所の組織の詳細については、児童福祉法にも、運営指針にも、明文化されていないようです。各自治体に中央児童相談所が配置され、人口や利便性などの要件によって南部や北部などの名称で複数の児童相談所が設置されている都道府県がほとんどです。自治体によって人的配置にかなりの較差があり、係の名称もまちまちで、係の機能や役割も異なっています。子ども虐待の通報後の担当についても、大阪府のように、一つの係が入口（初期対応）から出口（家庭復帰）までを一貫して受け持つ自治体もあれば、横浜市のように入口と出口とその間では全て担当する係が異なるような自治体もあります。各々一長一短があり、自治体の様々な事情や歴史の中から決められたことと思います。ここでは横浜市中央児童相談所の場合を例にとって紹介します。

所長の下、事務処理を行う「庶務係」と、「一時保護所」「一時保護所自立支援部門」を副所長が管理します。一時保護所には、保育士、児童福祉司、保健師、看護師が配置されています。相談の初期対応や各係の調整や施設との調整などを業務とする「相談調整係」、虐待の初期対応を業務とする「相談指導係」（所内では虐待対応チームまたはGチームと呼んでいる）、地区担当の「支援係」と、主に家族再統合を主導する「家庭支援係」、障害関連の事例を受け持つ「育成係」、心理判定や治療を行う「心のケア係」は支援課長が統括します。副所長と支援課長の下には各係長がいて、実際の業務のほとんどを主導しています。相談調整、相談指導、家庭支援、支援の各係には、児童福祉司以外に保健師も各1名配属されています。心のケア係には児童心理司が配属され、特別児童扶養手当の診察補助などのために看護師も1名配属されています。常勤医師は、医務担当課長として配置されていて、直接の部下を持たず、現場の業務に専心できるようになっています。

相談調整係や相談指導係で初期対応や面接を行った事例は、長期間の対応や一時保護や児童福祉施設への措置などが必要な事例であると判断されると、地区担当の支援係に担当を代えることになります。または虐待事例であっても、知的障害や肢体の問題があれば育成係に担当が移ります。また、発達の問題や行動の問題が主で、心理テストや治療の必要性があると判断された場合には、心のケア係の予約が組まれるなど、振り分けが行われます。もちろん、この際に精神医学的な判断が必要とされると、精神科医面接が組まれます。これは、虐待の事例に限ったことではなく、全ての事例に対して行われる振り分けです。

入口から出口まで担当が代わらないと、情報伝達の際の漏れを防ぐことができ、継続して事例に関わることが可能で、関係性を構築し深めるためにも利点があるといえます。一方で、担当係が代わるシステムでは、初期の虐待の告知などによる対立関係も、担当が代わることで乗り越えやすくなり、職員の疲弊も若干やわらげることができます。しかし、担当交代のタイミングの問題や、情報伝達などにおいて難しさがあり、一長一短があるといえます。

各職種の役割

各職種は、福祉職、心理職、医療職に大別されます。

児童相談所は福祉職が中心の職場です。横浜市の場合は、社会福祉主事任用資格保有者（福祉学科卒業者など）が採用試験を受け、社会福祉職として採用された者が児童相談所に配属されてきます（自治体によって事情はかなり異なり、事務職員が突然児童相談所の福祉職として配属されるような自治体も珍しくはないようです）。さらに所内で配属された係によって、相談調整係では相談調整員、支援係や虐待対応チームでは児童福祉司、育成係ではファミリーケースワーカーと呼ばれます。初来時の面接、虐待の調査、親子に対する継続支援、一時保護や措置の進行、警察や家庭裁判所など関係機関との連携、公的補助の紹介や手続きへの援助など、様々な業務を担っています。また、一時保護所には保育士も配置されています。

心理職は、横浜市では係名は判定係と呼ばれていたように、福祉職から求められた事例や諸手当の該当を判断するための心理判定を中心に行ってきましたが、最近は治療的役割を求められることが多く、定期的に心理面接を行う機会が増えています。ひとりの事例に対して、児童福祉司と児童心理司が担当として連携して支援することが多くなっています。

医療職の役割のうち、精神科医の役割については後述し、ここでは看護師、保健師について述べます。支援係、相談指導係（虐待対応チーム）、こころのケア係、一時保護所に看護師または保健師が配属されています。子どもの健康管理や健診の補助、通院のつき添いと医療機関との連携、保健衛生管理などのいわゆる看護業務だけではなく、一時保護所では子どもの悩みを聞き甘えを受け止めるなど、保育士と同様の業務もおのずとせざるをえません。虐待対応チームでは、被虐待児童の身体チェックや親への養育指導など保健師業務のみならず、初期調査や虐待告知など福祉司と同様の仕事もこなしています。支援係ではやはり養育指導や保健指導だけではなく、性被害・性加害児童の性教育や司法面接も行っています。

法律と職権

児童相談所は公的機関であるがゆえに「児童福祉法」や「子ども虐待の防止等に関する法律」などの法律に基づいて子どもの福祉を守るための機関であるといえます。そのため、児童相談所には様々な法的権限が与えられています。

主に児童福祉法（昭和22年施行、平成16年改正）と子ども虐待防止に関する法律（平成12年施行、平成18年改正）という二つの法律が、児童相談所の設置や児童相談所職員の職務内容の根拠になります。これらの中から代表的なものを簡単に挙げてみます。

児童福祉法の第25条には要保護児童の通告や児童相談所への送致、保護、指導義務などが規定されています。第27条には、保護者への指導、児童の児童福祉施設への措置、家庭裁判所への送致権限などが示されていて、これを根拠に子どもの児童養護施設や乳児院、里親への（入所）措置を児童相談所が決定します。第28条では、虐待事例において、児童相談所が児童を施設措置の必要性があると判断したにもかかわらず、保護者の同意をえられない場合に、家庭裁判所の承認をえて措置を実行できることが定められています。2年以内の措置で、その間保護者指導や環境調整を行って、それでも状況の変化が認められない時には、更新の申請を家庭裁判所に提出して承認をえなければなりません。第29条では立入調査権について触れられています。第33条は一時保護等についての条文です。この場合は保護者の同意がなくても児童相談所長（本来都道府県の権限）の権限で保護が可能です。しかし、子どもの安全確保のためとは言え、子どもを家庭から引き離すことの影響は大きいので、極力慎重に進めています。

子ども虐待の防止等に関する法律には、初めて法律で虐待の定義が明確にされました。すなわち、虐待を身体的虐待、性的虐待、心理的虐待、養育の放棄（ネグレクト）の四つに分類し、それぞれを定義してあります。多少抽象的な表現で曖昧さは依然として否めませんが、画期的なことです。さらに、第5条、第6条では、虐待の早期発見と通告義務について触れられています。通告の義務については虐待を発見した時だけではなく、疑いの段階で通告すべきとされていることも特筆する必要があります。さらに警察への協力要請、施設入所児童への面会の制限、などの権限もこの法律で児童相談所に付加されるようになりました。

4　児童相談所における児童精神科医の役割

前任医師から簡単な引き継ぎを受けた時に「児童相談所は楽ですよ」と言われました。しかし実際はやはりそうは甘くありませんでした。一時保護所では自傷行為や暴力が日常的に認められ、係長からは「先生、良い時に来てくれて、来るべくして来ましたね」と声をかけられました。虐待対応件数の急増から、業務量自体も増え、困難事例への対応はさらに忙しさや気の重さに拍車をかけていました。精神科医療を要する子どもや親も確実に増しているようです。

同じ係長から「福祉はこれまで集団を扱うことを得意としてきて、医療は個人を相手にすることが得意で、虐待が増えたこれからは、両方が協力しないと無理ですよ」と言われました。虐待をする側の精神病理は根深く、虐待を受けた子どもへの影響は甚大であり、これまでの福祉の方法論、医療の方法論だけでは太刀打ちできなくなっているようです。医療と福祉（そして教育も）が一致してこれに当たる必要が生じています。児童相談所の医師（精神科医）の役割は大きいといえます。

児童精神科医の位置づけ

児童相談所は基本的に相談・保護・措置業務を行い、投薬や入院治療を行う場ではありません。東京都、宮城県、和歌山県、静岡県などでは、児童相談所の内外に診療所を併設するなどして、投薬などの医療行為が行われていますが、これらは例外的といえます。また、複数の医師が勤務している児童相談所はまれで、ほとんどが「ひとり医師職場」でもあります。横浜市では現在３人の常勤医師がいますが、３児童相談所に各々常勤医がひとりずつ配属されていて、各児童相談所にはやはりひとりの医師が配置されているにすぎません。

児童福祉法によって、児童相談所には所長と児童福祉司の配置は義務づけられていますが、児童心理司（以下心理司とする）、看護師、医師などの配置については特に義務化されていません。児童相談所長になる資格のある職種として、児童福祉司以外に医師や心理司の記載があるのみです。そのため、全国２０１カ所の児童相談所のうち、常勤医師が配属されているのは20数カ所、40人強にすぎません。所長として採用され、現場から離れてしまっている医師、所長業務を兼ねている医師もこれに含まれます。女性相談所や療育センターなどが併設された総合センターの常勤医師として配置されている自治体も数カ所あり、この場合も含んだ人数です。大阪府や埼玉県のように、常勤医といっても何カ所もある児童相談所を全て掛け持つ、非常勤を毎日繰り返すような勤務体制を強いている自治体もあります。精神科医がこれら常勤医の7～8割程度を占めています。厚労省は各児童相談所にひとりの常勤医師を配置するよう指導してはいますが、児童精神科医の不足ともあいまって、大幅に増加する様子はありません。

精神科医の業務

前述のように、児童福祉法によって医師の役割が明確にされていないため、児童相談所における医師の役割は、各所によって医師の意欲や求められる内容などによって微妙に異なります。厚生労働省が委託作成した「子ども虐待対応の手引き」（日本子ども家庭総合研究所編、有斐閣、２００５年）にも、医師の業務は明文化されていません。そこで、毎年行われている、子どもの虹情報研修センター（日本虐待・思春期問題情報研修センター）における、児童相談所・情緒障害児短期治療施設・医療機関等医師専門研修における参加者へのアンケート調査の結果から、各児童相談所における常勤医師の業務内容を抜粋してみます。

「虐待する親と虐待を受けている子どもの精神医学的評価」「一時保護児童の身体的・精神医学的評価と管理」「職員へのスーパーヴィジョン」「医療機関との連携」「精神障害を有する親や子どもへの受診動機づけと医療機関紹介」「職員人材育成への関与」「啓発活動」「必要に応じた継続面接」などが記載されていて、その内容には大きな差は認められません。以下にもう少し具体的に述べてみます。

①精神障害のアセスメントと精神科医療への動機づけ

児童相談所の精神科医にとって最も重要と思われる業務は、精神科医療の要否を判断し、必要な者に対して受診の動機づけを行うことでしょう。虐待者の30％ほどに精神障害を認め、私たちの調査では、親子分離の期間の長短には虐待者や被虐待児童の精神障害の有無とその治療の有無が大きく影響していることが明らかになり、精神科治療を安定させることは、子どもが安全に家庭で過ごし、または分離した子どもの家庭復帰を進めるに当たっての最重要課題の一つと考えられます。さらに、病院へ子どもを連れて行き、あるいは自ら病院へ行ける者は、ある程度の問題解決能力を有し、経済的にも一定水準にある者と判断できます。病院へ行かずに児童相談所へ来所する者、または虐待通報などによって、意志に反して児童相談所に関与されてしまう者にとっては、医療は縁遠く、抵抗を感じる場であることもまれではありません。こうした人たちを、特に虐待者を医療へつなげる作業は決して容易ではないといえます。虐待者を医療へつなげ、治療を持続させるためにはいくつかの工夫と注意が必要となりますが、その詳細は第二章で述べます。

症状を見極め、医療への動機づけを確かなものにし、薬の内服を促し、治療を継続するお手伝いをすることや、入院にあたっては入院治療の必要性を十分納得させ、入院の最終的な判断は病院の医師が行うことを伝え、入院時のトラブルを避け、入院治療が効率的になるよう働きかけます。注意点としては、このように児童相談所の精神科医が医療と連携する際の役割は、あくまでも「橋渡し」と「潤滑油」であることを意識することです。なお、子どもに対する投薬や入院に際しては（事例によっては受診に対しても）保護者の同意が基本的には必要であり、同意獲得は児童相談所の役割です。

②継続面接

精神医学的な評価を目的に1回から数回のみの面接を行うことが多いですが、必要に応じて継続的な面接も行っています。子どもでは、不登校・引きこもり、家庭内暴力などの事例のうち、本人が医療を怖がりあるいは拒否して、親が医療機関へなかなか連れて行けないような場合には児童相談所における継続面接が必要になります。親（虐待者）については、やはり医療不信や精神科抵抗が強い場合、家族再統合に向けて緻密な支援が必要な場合、不安やイライラなどが強く医療のサポートだけでは支えきれない状態の場合、家庭環境や家族関係が劣悪でその部分への強い介入が必要な場合、子どもの処遇などで対立し関係構築が困難な場合などではできるだけ継続的に関わるようにしています。医療機関を紹介し、なるべく通院をさせながら、家庭環境・夫婦関係、子どもへの対応などをテーマに面接を行っています。

③一時保護所への関与

一時保護所の子どもたちや職員への関与も重要な職務の一つです。保護時の健診、保護中の行動観察、問題行動への対応についての助言、精神科診断、必要な精神科医療への動機づけと紹介、職員研修の講師、看護職による衛生管理の取りまとめなどを行います。子どもたちの日常生活を観察できることは、子どもの処遇を決める際に大いに役立ちます。

筆者は昨年度より、保護所での問題発生に対して、職員の対応の反省と疑問点をまとめてもらい、それに対してコメントを記入しています。それをファイリング・集積して、様々な問題への解決指針集にしようと試みています。

④人材育成、スーパーヴィジョン

援助方針会議や受理会議の場も人材育成にとっては重要ですが、筆者の職場では、そういう場で単に事例に関する相談を受け助言するだけではなく、最近流行のＯＪＴ（On the Job Training：実務を通じての訓練）を実践するために、医師面接には必ず担当福祉司や心理司の陪席をさせるようにして、時には彼らの面接に医師が陪席して面接指導を行っています。家庭訪問や施設・学校訪問にも同行して指導することもあります。

心理職員の事例検討会と支援係の児童福祉司の事例検討会、電話相談員の事例検討会を各々月に1回、虐待ホットライン相談員の学習会に年3回、一時保護所職員研修を随時など、事例検討会や学習会で助言者や講師として参加します。

⑤関係機関との連携と啓発活動

児童福祉司や児童福祉司施設からの求めに応じて、施設や関係機関への訪問を行います。子どもの生活場面を観察して精神医学的な評価をし、対応について話し合います。医療機関や教育機関（学校など）にも連携のために足を運ぶことも少なくありません。

子ども虐待についての啓発活動をあちこちで行います。教育機関、民生委員・主任児童委員の研修会、区役所、児童福祉施設、医療機関などで、虐待の早期発見のための視点や子どもへの影響、精神障害との関連などについて主に講演活動を行います。

⑥その他

児童相談所は「ひとり医師職場」であることが多く、児童精神科医といえども、やはり「医師」としての知識と業務を求められることになります。すなわち、聴診器を用いて、一時保護所に入所してきた子どもの健康診断を行い（嘱託の小児科医にお願いすることも多い）、ケガの様子を診察し、皮膚の発疹《ほっしん》の様子を観察し、必要ならば専門医の診断と治療につなげます。一時保護所で麻疹《ましん》や水疱瘡《みずぼうそう》やインフルエンザなど感染症が発生すれば予防・衛生管理の指揮をとることもあります。

職員のメンタルヘルスにも気を配ります。種々の相談にのるだけではなく、時には医療が必要な場合にはその職員を医療機関に紹介することもあります。また、困難事例に医師が関わることによって職員の負担感をやわらげることも、メンタルヘルスの維持に貢献することと思っています。机の上に医者の予定表を置いて、児童福祉司や児童心理司が自由に面接予定を埋めていけるようにしています。

医者の権威はまだ多少は通用することがあります。特に児童精神科という専門分野は外部に対しては多少の重みを持つことがあります。学校、幼稚園・保育園、親、施設など、その「権威」が通用する場があれば児童福祉司はそれを利用してくれます。その意味だけでも児童精神科医の存在意義があるかもしれません。

児童相談所の可能性と限界

児童相談所は、一時保護機能を活用して子どもを分離し、保護者の状況を改善し、時には子どもを「人質」のようにして保護者を治療に向かわせることが時に可能です。施設などへの措置権限はさらに長期にわたって子どもを家庭から分離し、子どもの安全を確保し治療を行うことを可能にします。また、児童相談所の特徴は、多職種職場であり児童福祉司、児童心理司、看護師（保健師）、保育士、事務職、医師などが役割を分担しながら事例に重層的に関わることができます。さらに児童福祉司を中心とした家庭訪問などの機動性も大きな武器になっています。症状ゆえに、あるいは問題解決能力が低く時に貧しいがゆえに、病院に自発的に通うこともできないような家庭を訪問し、来所や通院につなげることが当たり前のこととして実行されています。虐待に限らず、不登校・ひきこもりや家庭内暴力など、あるいは病識の欠如した統合失調症の保護者など、医療への動機づけが困難な事例に対しても、精神科医を中心として、（精神科）医療機関と協力していく余地と能力が十分あるように思えます。

一方で、児童相談所に与えられた権限は罰則規定のないものがほとんどで、中途半端であり、強制的な介入を困難にしています。早急な強制的介入を急がされ「児童相談所は何もしてくれない」と非難されてしまう原因ともなっています。法的な不備は様々な局面で実感させられます。

また、診療所機能がなく、薬の投与ができない児童相談所がほとんどであるため、不穏状態や自傷行為や暴力など行動化の激しい事例を一時保護所に保護することは困難で、医療の力を借りなければならない場合も多くあります。医療との連携は児童相談所にとって必須であるにもかかわらず、地方によっては児童精神科医の不足等から、大きな課題になっているようです。

子ども虐待は虐待者の問題が主であり、その虐待者に振り回され、子どもへの対応が後手に回ってしまうことがたびたびあります。特に乳幼児は言葉で訴えるのに限界があるため、問題に気づかれず、十分な治療的関わりを受けずに成長してしまうことが少なからず存在していると考えられます。親への強制的な介入から支援、子どもの措置や治療まで全てを児童相談所が担うことにも無理があるように感じています（せめて初期の強制的介入は警察が行うよう検討が求められる）。さらに、児童精神科医の少なさ、特に乳幼児の専門家と専門治療施設の欠如は今後の課題であると考えます。

第一章　子どもへの支援

――多様なニーズに対応する精神障害・発達障害の基礎知識

1　精神障害の理解

かつて勤務していた精神科病棟で、上司が「人類みな統合失調症」と言ったことがありました。自分にとっては統合失調症の診断は曖昧で、自信をもってそのように言いきることはできませんが、常に「人類みなどこか（精神）障害をもっている」と考えています。すなわち「あなたも病気、私も病気、みーんな病気」といったところでしょうか。それでも日常生活や対人関係に大きな差し障りなく過ごせているか否かということには大きな差があります。精神障害とは一体どのようなものか、正常と異常の境界はどこにあるのかとずっと考えてきましたが、少なくとも治療を要する状態か否かの境界はその「大きな差し障り」の有無で判断すれば良いと考えるようになりました。

このように診断や治療根拠に対してかなりいい加減な姿勢で臨床に臨んでいる者の意見ではありますが、以下に子どもの精神障害と発達障害について、さらにその対応についても触れながら述べていきたいと思います。

精神障害の診断

精神障害に関しては、その多くは原因についての明確な生物学的証拠が見出されていないと言えるでしょう。そして精神科領域では、内科や外科などの領域と異なり、血液検査や画像診断など可視的・数量的な診断技法も非常に限られていて、十分確立されているとは言えません。そのため、精神科における診断は、行動観察や面接による所見や内容など、かなり主観的ともいえる根拠に頼って下さざるをえません。

現在精神障害の診断には、一般的にDSM-Ⅳ（DSM-Ⅳ-TR）、ICD-10という二つの国際診断基準が用いられます。この診断基準は操作的診断という診断技法（あらかじめ用意された症状項目をいくつ満たしているかで診断される）によって診断が下されます。すなわち、たとえばある~という精神障害の診断は、Aに挙げた行動特徴6項目のうちの4項目を満たし、さらにBに挙げた条件を満たせば可能になるという仕組みです。挙げられた項目は特に専門用語に満ちているわけではなく、平易でなお且つ日常的な行動や心理の状態も多く含まれているため、正確さは別として専門家でなくても診断が可能になったともいえます。そのため診断が簡単に拡散してしまう危険性を孕んでいて、ADHDや学習障害（後述）などの診断名が、実際に教育現場で拡散し大流行してしまったのもここに一因があったように思います。別々な精神障害でも同様の症状を示すことはまれではないため（たとえばうつ状態や不安や睡眠障害は多くの精神障害で見られる症状）、診断基準には鑑別診断が複雑に示されてはいます。その意味では、正確な診断は本来決して容易なものではありません。一方でその診断基準では、障害の原因や背景にはほとんど触れられていません。極端な言い方をすれば、診断は原因や背景に関係なくつけることができるのならば、面接時に生育歴や家族歴や現病歴すら診断を下すためには必要がないということにもなりかねません。背景などを無視した操作的診断基準の普及は、精神科医の臨床をもそのような傾向に陥らせる危険性をもたらすとも言えます。

さらに、これらの診断基準では複数の診断名を併記することが可能になりました。すなわち理論的には、たとえばBさんは統合失調症であり、大うつ病であり、強迫性障害でもあるということができるわけです。統合失調症と診断できる症状があり、大うつ病の症状も持ち、強迫症状を持てばそうなってしまいます。こうなるとBさんは一体どのような生物学的状態なのかもわからなくなり、治療も焦点が絞りづらくなってしまいます。また、Bさんが主治医を転々と変えるたびに、各々の主治医がどの時点で、どのような状況下で、どのような状態を主たる症状と捉えるかということによって、異なった診断名をつけられてしまうなどという事態も生じてしまいます。

子どもの診断の困難さ

ある小学校の心理カウンセラーから、最近学校で頻回に大暴れをし、今回は傘を投げて同級生にケガをさせ、学校側が登校を禁止してしまいそうなのですぐに診てください、との電話連絡を受けました。「ＡＤＨＤと思われるので医療対象でしょうし、投薬もお願いしたい」とも言われました。その日の午後に現れた男の子はやや体格が良くて、なかなか凛々しい顔つきでしたが、突然大病院に連れてこられて年齢相応に緊張していました。約1時間の初診面接で、30分以上はおとなしく椅子に座り、質問にもきちんと一旦考えてから答えてくれました。慣れてくると体をくねらせ、いたずらっぽい目つきも見せ、多少のやんちゃさは感じさせましたが、学校側の言う多動も衝動性も転導性（外界からの刺激に対する影響の受けやすさ）の問題も面接場面では全く観察されませんでした。傍らの母親に上手に甘え、他人である医師に対しては程よい緊張も見せる、年齢相応の元気な男の子でした。もちろん投薬はしませんでした。場面や相手によって子どもが見せる姿の違いは大きいことを感じさせられました。

国際診断基準（操作的診断基準）に従えば、子どもの精神障害の診断は容易であるかもしれません。家庭生活・学校生活などの日常のあり様を観察して、診断基準に照らし合わせて当てはまるものを探し出せばよいだけかもしれません。しかし、診断というのはそんなに単純なものではありません。子どもの診断を考える時、それを困難にするいくつかの要因があるように思います。

一つは言語発達の未熟さです。自分の気持ちや自分に生じた感情や考えを、大人と同じようにはうまく言葉にすることができません。そのため面接の際に、言葉による情報の提供者として十分機能しないこともありえます。さらに感情や思いは頭の中で言葉によって「仕方なかったんだ」「その言葉に腹がたってしまった」などとすることで初めて整理され、表現する準備もできるのでしょう。子どもとの面接の時に「わかんない」という返事が多いのも仕方のないことかもしれません。子どもの場合は常に未熟な言語能力ゆえの問題が潜んでいて、自分でも整理がつかず表現もできなければ、歯がゆくてイライラしパニックを起こすことも当然ありえるでしょう。この時、親などが代弁しようとすると、事実や本音が歪められてしまうこともありえます。親が説明をしている時、親の言葉に反応して首を傾げ不服そうな顔をしたり、事実と異なるのか、くやしそうに黙って涙を流したり、そんなふうな子どもの様子を観察しながら面接を進めますが、そういった反応を見せてくれる子どもはまだよいのですが、反応を見せず、汲み取ることも困難な場合も決して珍しくはありません。

次に、経験も少なく防衛手段が未熟であるためか、状況依存的になりやすいことが挙げられます。様々な状況に対して、反応的に多様な症状や状態を見せるということです。たとえば、不安の処理が下手なためか、小学校低学年位の子どもでは、不安が大きい時に幻視や幻聴のようにも取れる経験をすることもあるようです。いじめにあってすっかり元気がなくなり、意欲もなく、食欲もないということが、断続的にある程度の期間続くこともあります。大好きな父親を亡くした時の母親の無配慮な言葉に、部屋中を穴だらけにした激しい女の子もいました。これらの子どもの不安や行動化はやがて収まっていきます。ある程度時間が経つと、落ち着いて状況や気持ちを話せるようになり、健康さを見せるようになる子どももいることを常に配慮しなければなりません。

さらに、子どもは発達の途上にあることも特徴的で、時に診断を混乱させます。幼稚園や小学校低学年ごろの落ち着きのなさも、3～4年生ごろになるとすっかり落ち着いてしまうことがあります。保育園で、他の子どもを噛んだり、突き飛ばしたり、叩いたりして嫌われていた子が、言葉を上手に操れるようになるとすっかり良い子になることもしばしば観察されます。中学校2年生までは登校禁止とまで言われることもあったほど落ち着きなく衝動的であった子どもが、3年生の夏休みに40日ほど田舎の祖母の所で過ごして帰ってきたら、見違えるほど落ち着いていた、ということも経験しました。徐々に発達のバランスが改善した結果によると考えました。このように、発達にともなってある時期急激に落ち着きをみせる子どもにもたくさん出会うことがあります。

こういった事情から、子どもの行動を評価する時には、ある一場面、ある一定期間だけで評価するのではなくて、子どもの生活全般に視野を広げて、さらにある程度の期間にわたってつきあったうえで診断を考えなければなりません。さらに、子どもの問題行動や症状と思われる事項だけに目を向けるのではなくて、場面によって見せる健康的な部分や集団の中で通用しているパターンなどにも注意を払ったうえで診断は下されるべきです。前述の傘を投げた男の子も、学校では落ち着きなく、「キレやすい」とのことでしたが、家庭でそのような特徴は認められず、面接場面でも一貫して落ち着き安定していました。小学校6年生でしたが、親に聞くと5年生までは落ち着きのなさは多少指摘されたことはあっても、周囲との関係は良好で、衝動性を疑わせるような状態ではなかったとのことでした。友達との小さなトラブルから、その処理を巡って担任や同級生に対する信頼感を失い追い詰められたための状態であったようです。

子どもの診断を考える時にはこのように、子どもが生活しているあらゆる場面を想像します。少なくとも家での生活の様子、学校や塾などでの様子、病院にいる時の様子などは聞き取り観察される必要があります。親との関係、学校の先生との関係、友達関係、年下の子どもとの関係、男の子・女の子に対する関係性の違いなど、配慮すべき点は多々あります。当然発達段階も加味されなくてはなりません。それらを総合的にまとめて判断し、結論づけたのが子どもの診断であるべきです。

小児期、思春期にみられる精神障害

小児期には発達や愛着に関連した特有の精神障害が認められます。そして思春期以降になると様々な精神障害の好発年齢になっていきます。この年齢層固有の障害があるわけではなく、成人に認められる精神障害のほとんどが認められるようになります。ここでは、いわゆる「発達障害」を除いた（後述するため）これらの年齢層に見られる個々の精神障害とこの時期の特徴を簡単に挙げておきます。

①統合失調症

国際診断基準の内容によるのか、時代と共に減少してきているのか、激烈で典型的な症状を呈することが少なくなってきたのか、小児期の統合失調症と明確に診断できる事例は減少しているといえます。ＤＳＭ－Ⅳ－ＴＲによれば、ア、妄想、イ、幻覚、ウ、まとまりのない会話、エ、ひどくまとまりのないまたは緊張病性の行動⑤陰性症状、すなわち感情の平板化、思考の貧困、または意欲の欠如のうちの二つ以上が1カ月の期間ほとんどいつも存在しているとなっています。しかしそもそも診断基準の柱になっている幻覚・妄想については、学齢期の子どもにとっては症状形成も症状の言語化も困難な場合が多く、診断を一層難しく狭くしてしまう可能性があります。一方で、思春期に入ると統合失調症の好発年齢と言われるようになります。また、最近は発達障害ブームのためか、再びアスペルガー障害（後述）などとの鑑別についても議論されています。これまで筆者が統合失調症と考えていたような症例も、医者によってはその一部はアスペルガー障害などの広汎性発達障害と診断されるであろうと想像します。

典型的な発症も中学・高校年齢にはまれに観察されますが、この時期には前駆症状と考えられる症状に出会う機会のほうが多いかもしれませんので、代表的なものをいくつか挙げておきます。集中力低下、意欲低下、寡黙、強迫症状（不潔恐怖）、自殺念慮、漠然とした不安など多様な症状が挙げられますが、実はいずれも統合失調症の前駆期に特異的とはいえず、様々な他の精神障害やストレス状況にも現れるもので、やはりそれだけで診断がつくものではありません。

症状が急激に進行して妄想などが現れた、上記の前駆症状が年余にわたって持続している、漠然としているにもかかわらず不安が猛烈に激しいなどの状態が認められる時には、早急に専門家の診察を受けることが大切なことと思います。

②気分障害

抑うつ気分は誰でも比較的日常的に経験しています。失恋、大きな失敗、いじめなどの際に一時的に抑うつ気分に襲われることはよくあることです。乳幼児では母親との分離の際の抑うつが有名ですし、学童期に入るといじめなどによって抑うつ状態に陥り不登校などに至る例も少なくありません。ここでもＤＳＭ－Ⅳ－ＴＲの診断基準を引いてみると、症状としては、ア、抑うつ気分、イ、興味・喜びの減退、ウ、食欲低下・体重減少、エ、不眠または睡眠過多、オ、精神運動性焦燥または制止、カ、易疲労性・気力減退、キ、無価値感・罪責感、ク、思考力・集中力減退、ケ、自殺念慮が挙げられており、このうちの五つ以上を満たすと大うつ病ということになります。さらに、症状が２週間以上続くことや、著しい苦痛や社会機能の低下を引き起こしていることが基準に含まれていて、反応性のものとは区別されています。

子どもの場合は抑うつ気分を抑うつとして認知する能力が低いこと、言語化が困難であることなどから、診断が困難な傾向があります。また、子どもの場合は抑うつ気分の代わりの症状として、イライラや攻撃性、不機嫌などがあるとされています。小児期の気分障害は最近診断される機会が増え、話題になることも多くなっています。特に、筆者はこれまで自験例としては2～3例しか経験していないと考えていますが、小児期の双極性障害（かつての躁うつ病）の報告が最近は多くなっています。ここまでを躁うつ病（気分障害）としましょう、という範囲が広がっただけのような気もしますが、近年増加しているように扱われています。ひきこもりがちであった子が、特別な誘因なく急に繁華街に出かけるようになり、非行や性犯罪などに巻き込まれることで関与を始めた事例が双極性障害であった、という事例を経験したことがあります。いずれにしても、不登校やひきこもり、自殺願望、食欲の低下、睡眠の問題などが数週間以上続くようであれば、（児童）精神科受診を考えるべきでしょう。

③不安障害

子どもの経験の少なさや心理的防衛手段の未熟さなどを考えると、人見知りや分離不安や思春期特有の不安など、子どもにとって不安は非常に一般的なものであるはずです。それゆえか、子どもの不安障害については、他の障害に比較して大きな問題として議論されることが少ないように思います。

不安障害の下位分類にあるもののうち代表的なものを挙げると、社会恐怖、全般性不安障害、強迫性障害、パニック障害などが挙げられます。年長児では、不安を言語化して表現することも可能でしょうが、年少児や一部の年長児では、身体愁訴や落ち着きのなさや泣くことなどの行動によってしか表現されないこともまれではありません。学校現場で多動を指摘される子どもたちの中には、特に低学年児には、不安ゆえに落ち着いていられない子どももかなり含まれているように思います。子どもが比較的よく見せる不安症状を抜粋すると、活動的でない、よくすねる、しゃべろうとしない、規則にとらわれる、よく泣く、無価値感、人目や評価を過度に気にする、神経質、間違いを怖れる、めまい、吐き気、頭痛、腹痛、発疹などが挙げられます。

強迫症状も思春期以降高い頻度で観察されます。この症状が日常生活に著しい支障をきたした時に強迫性障害と診断されます。強迫症状は、強迫思考（自分でも不合理であるとわかりながら、ある考えや気分などにとらわれてコントロールできない状態）と強迫行為（不合理性は十分認識しながら反復してしまう情動行為で、強迫思考を打ち消す努力でもあるとも言われる）の二つに分けられます。主な強迫行為としては、洗浄強迫、反復、確認などがあります。他の精神症状でもそうですが、子どもは不合理性に気づいているがゆえに、症状を隠そうとする場合が多く、軽微なうちは症状を捉えづらい傾向があります。症状を恥ずかしいもの悪いものと考えている傾向があるので「恥ずかしいことではない、脳のある物質がバランスを崩した時にそういうことが起きて、だから体の病気と同じで薬で楽になるよ」などと説明をしてその点に配慮しています。強迫行為を止めることはいけないことではありませんが、多くの場合本人も「止めたくても止められない」状態にあるわけですから、止める努力は無駄な努力になってしまうという理解のうえで、止めるように心がけます。そうでなければ、止めようとする大人が疲弊して子どもをさらに追い込みます。薬物療法が有効である例も多くありますので、日常生活に影響がでるようであれば、（児童）精神科を受診させるべきでしょう。

④睡眠障害

ＤＳＭ－Ⅳ－ＴＲによると、睡眠障害は原発性睡眠障害、他の精神疾患に関連した睡眠障害、他の睡眠障害

（身体疾患に関連したもの、物質誘発性）に大きく分けられます。原発性睡眠障害には、不眠や過眠、睡眠リズムの不整、悪夢や夜驚などの睡眠時随伴症などが含まれます。子どもは出生後3～4カ月もすると、睡眠覚醒リズムが明確になり、1歳ごろになると、一日の半分くらいは起きて過ごすようになります。REM睡眠とノン－REM睡眠の比率など生理学的には2歳ごろには成人と近いパターンになっていきます。

身体的虐待などを受けた乳幼児が夜間なかなか寝ついてくれない、昼寝をなかなかしてくれないなどということがあり、これは過覚醒との関連が考えられています。親が精神障害によって睡眠－覚醒リズムを崩していて、それに巻き込まれてしまっている子どもも時々認められます。中学生も半ばを過ぎると急激に睡眠時間が少なくなっていきますが、本来夜間の眠気に対してはなかなか抗しきれるものではありません。その意味で、夜間「ゲームなど好きなことをするために眠らないでいる」と言う子どもたちの中には、少なからず睡眠障害が含まれていますし、「朝起きられない」という子どもたちの中には、夜間十分寝ていないか眠れていない子が含まれています。不登校になると、人目が気になり昼間外出することもできず、退屈になり昼寝をして夜間活発に動くようになってしまう子もいます。うつ状態にともなう睡眠障害も少なからずありえます。睡眠障害が子どもにとっても珍しいものではないことは知っておかなければなりません。

⑤（幼児期または小児期早期の）反応性愛着障害

Bowlby によって提唱された愛着とは「危機的な状況に際して、特定の他者を求めるという、生き延びるための本能で」で「その特定の人と人の間に形成される心理的な結びつきは、時間や空間を超えて持続するもの」とされています。子どもは愛着が形成された他者によって慰められることで安心を得ます。乳幼児は遊んでいる時に、疲れたり思い通りにいかなかったりすると、親の元へ行き安心を得ようとします。それは、親に対する信頼感や安心感あっての行動です。虐待や別離などによって、この愛着が十分でないものを反応性愛着障害として、DSM‐Ⅳ‐TRでは「5歳以前に始まり、ほとんどの状況において著しく障害され十分に発達していない状態」と定義されます。この障害は抑制型と脱抑制型に分類されます。抑制型は、対人相互関係において抑制的で警戒した、または両価的で、親など特定の存在に対して接近して安心感をえようとしません。脱抑制型は、愛着が拡散していて選択的愛着を示す能力に欠けています。無分別な社交性を示し、慣れない大人に対しても親しげに振る舞うなどの特徴があります。情緒的なコントロールや表現が不得手であるため、親に対してはもちろん、施設の職員などに対しても感情爆発や両価的態度を示し、対応を混乱させる傾向に陥ってしまいます。

治療には一貫性ある対人関係や対応が維持されることがまずは大切ですが、子どもの治療だけではなくて、子ども——親や子ども——職員といった関係性や養育者への治療も同時に必要です。

⑥行為障害、反抗挑戦性障害

行為障害は、他人への威嚇・脅迫、ケンカ、暴力、盗み、性加害、器物破損、嘘、規則違反などが特徴的な基準とされ、反抗挑戦性障害は、かんしゃく、大人との口論や反抗、易怒性、他罰傾向、執念深さなどを特徴としています。これはかつて「非行」や「反抗」といわれていた内容とほとんど同じものと言えます。

ADHDや軽度の精神遅滞などとの関連が大きいともいわれますが、生物学的、心理社会的要因など様々な要因が関係しているものと考えられます。少なくとも、言語性とくに情緒や感情を言葉で表現することが苦手な子どもや自己評価の低い子どもに多く見られることは想像しにくいことではありません。その意味では、虐待を受けた子どもたちに多く認められることも当然考えられます。

薬物療法やある種の認知行動療法など医療的な治療も試みられていますが、家庭や学校との連携も大切です。

家庭でも児童養護施設でも、子どもが思春期を迎えて問題行動が著しくなってから、初めて相談に訪れたり医療を求めたりする傾向があるように感じられます。ＡＤＨＤなどによって集団生活で自信を失いがちな傾向のある子どもに対しては、早いうちに治療的な環境を与える意識は持つべきであると思います。

⑦その他の精神障害

摂食の問題もかなり頻度の高いものと考えられます。施設や里親へ措置されたばかりの子どもが、食欲不振をみせることは良く知られています。いじめや、親の面会予定が流れた時なども同様の状態を示すことがあります。体重減少（年齢で期待される体重の85％以下）、肥満恐怖、体重や体型への歪んだ認知、無月経といった症状を満たすようになると神経性食欲不振症となります。自験例から観察された小学生年齢の子どもの特徴として、痩せ願望が認められないことが多い、先行するストレス負因が明らかであることが多いなどの傾向がありました。体重減少が著しい、または急激である場合には、医療を急ぐべきでしょう。

解離性障害も、虐待を受けた子ども、特に著しい身体的虐待や性虐待の被害を受けた子などのなかに時々認められます。器質的な異常からではない健忘、憑依体験、多重人格、心理的遁走などの症状を認めますが、最も多く認められるのは、解離や離人といった症状です。長期的な予後はわかりませんが、子どもの場合は可塑性が高く、これらの症状も施設など安全な場所で過ごすようになると消失する場合もあれば、逆に安心できる環境に慣れてホッとしたころに表出する場合もあるかもしれません。

選択性緘黙も幼児期から小学校低学年ごろを中心に時々認められます。原因や誘因は必ずしも一定せず不明瞭なままですが、父親の暴力も誘因の一つに挙げられることがあり、虐待を受けた子どもの中には多いことも予想されます。内気で引っ込み思案で言語発達の軽度の遅れを有した子どもが、不安や環境の変化などで惹起されると考える研究者もいます。治療者を中心としたコミュニケーションを広げる工夫、行動療法などが行われています。

子どもにおいても成人同様その他様々な精神障害がありますが、いずれも家庭生活、集団生活において何らかの支障を来している時は、治療対象として考えるべきでしょう。

子どもの精神障害に対する治療――主に服薬と環境改善

全ての疾患に対して言えることかもしれませんが、やはり、早期発見・早期治療は良好な予後につながると考えられます。薬物療法は成人の場合と同様、子どもの治療においても重要かつ多くの場合有効です。早い段階で適切な薬物を使用することは、発症を防ぎ悪化を予防するために大切です。また、不安や緊張が強い状態で長く過ごすことは、エネルギーを消耗させて、回復を困難にさせることにもなります。親や施設職員など子どもに非常に近い距離に位置している人々が、時に向精神薬の使用に抵抗することがありますが、医師が必要と判断する薬はやはり飲ませるべきです。一般的に子どもの代謝は活発ですが、薬物の排泄は成人に比べて未熟と考えられます。薬物の内容や内服量は、成人と子どもの場合でかなり異なりますので、子どもを専門に診療している精神科医や子どもの治療に詳しい精神科医に、適当な内容と量の薬物を処方してもらい、副作用の説明なども十分受けたうえで、子どもも親も職員も納得して内服することが望まれます。動機づけについては、後の章で詳しく述べますが、やはり子どもが困っている症状を的確に把握し、子どもと治療や症状の意味などを共有し、そのうえで医療の必要性を説明し説得します。

子どもは自分を防衛する術が未熟ですから、状況に揺さぶられやすい傾向があります。それゆえ、症状発生に関係していると思われるストレス状況はできるだけ解決・軽減しなくては治療が円滑には進みません。不登校の子どもが学校に戻るためには、いじめなどの環境は改善されなくてはいけませんし、学習の遅れもある程度軽減しておかなくてはなりません。家庭に精神障害の家族がいて振り回されてきたとしたら、その家族の治療は必須でしょうし、時には分離が必要になります。その意味では、誰がそれを担うかは別として、子どもを取り巻く環境や対人関係にまで治療対象を広げて考えることは当然必要です。そのうえで、子どもが安心できる場と、安心できる人間関係が提供されることが、子どもたちにとって最も治療的であるということを強調しておかねばなりません。

言語性の未熟さも考慮されます。面接による精神療法や支持的療法などの言語治療だけではなく、遊戯療法や箱庭療法、絵画療法などのいわゆる非言語的な治療も用意されたほうが良い時があります。また、虐待を受けてきた子どもの中には情緒的な表現が苦手な子どもも多く、言葉を引き出すというよりも、その時々の子どもの気持ちを汲み取って、治療者がその気持ちを言葉で表して、そのつど子どもに伝えるような作業も必要になることがあります。そのようにして、自分の気持ちを表す言葉を獲得するよう手助けすることも、子どもにとっては大きな治療法の一つになります。

子どもは成長の途上にあることへの配慮も必要です。そのため常に長期的な視点を持って治療に当たらなければいけません。発達の偏りのある子どもが、やがてその偏りが思春期や青年期になって緩和するにしても、それまでの間に少しでも傷つかないよう配慮をする必要があり、不安や衝動性などから生じる様々な問題をやわらげるために「時間稼ぎ」のための投薬が行われても良いと考えます。表出される症状が激しくなくても、愛着形成が不十分で対人関係の不安感や緊張感が強く、日常生活の安定だけでは解決しそうもない「根深さ」をもっている子どもに対しては、中学校に入る前後までには子どもの専門病院での（入院）治療を考慮しても良いと思います。逆に高校年齢の子どもが卒業間近であれば、入院治療を躊躇するかもしれません。常に子どもの今後の生活や人生にとって何が大切で、そのために今どのような治療が行われるべきかを検討したうえでの治療方針が立てられることが必要です。

また、子どもがこれらの治療を受ける際に、親や施設の職員など子どもと生活を共にする大人が、できるだけ子どもが受ける治療体験を共有することも大切です。実際に許されるならば治療の場に一緒に参加し、それが許されないならば治療者から報告を受けるなどして、子どもが治療場面で述べた事柄や体験した事柄を知るようにします。通院や通所の行き帰りに治療の内容やそれに対する感想などを話題にするのも良いかもしれません。治療の目的や治療場面で大切にされた事柄を、身近な大人が家庭や施設でも同じように大切にするためです。場面や人の違いによって大切にされることや言われることが違ってしまうと子どもは混乱しますし、治療の場で得た体験が無意味になってしまうかもしれません。子どもを取り巻く大人たちがまとまりをもって、一致した方向性をもって子どもの治療にあたることで治療効果が高まると思います。

2　発達障害の理解

10年ほど前、幼少期より言葉が少なく集団不適応を認め、パニックを頻回におこし、紹介機関でアスペルガー障害との診断も受けていた男子を診察していました。面接場面では冗談に対して表情を緩め、コミュニケーションについても不自由はありませんでした。主治医に対して趣味の良くない冗談を言い、探るようにしながら皮肉を言ってきました。心理治療を求めて専門機関に紹介したところ「あんな高機能自閉症の子を心理面接目的で送ってよこさないでください」と断られてしまいました。見かけによらず繊細で、初めての場面で緊張もしていたのかもしれません。自閉症圏とは考えていませんでしたし、仮に自閉症であったら心理治療は必要ないのかと筆者は納得できませんでした。その後彼はサポート校（広域通信制・単位制高校、教育連携校など）に進学し、友人関係にも恵まれ、現在は一般企業に就労し後輩の指導も行っています。当時留年した友人の現況を心配して、主治医に時々友人の様子を聞きたがっていました。

発達障害や軽度発達障害の基礎知識と対応の仕方について書くことには正直戸惑いがあります。筆者はその分野についての専門家とは言いがたいからです。大学病院や総合病院の外来でそういった症例を診察してきた以外には、地域療育センターの週半日の嘱託医として十数年、知的障害者通所施設の月半日の助言者を3年行ってきたにすぎません。それでも、最近の児童精神医学関連の学会や論文、書物において「(軽度）発達障害」に関するもののいかに多いことか。本来発達障害の名称は、その後の発達の可能性に希望を持ってつけられた診断名であったそうです。それにもかかわらず、簡単に「アスペルガー障害」「PDD（広汎性発達障害）」などの診断を下され、あたかも特殊な固定した疾患を有するかのごとく告知され、個別性や背景にある環境や気持ちの問題に十分触れられることのない児童が実に多いのではないかと危惧しています。ここではその流れに違和感を抱いている立場のひとりとして、意見を述べたいと思います。

発達障害の診断

発達障害という診断概念が登場したのは比較的新しく、1980年に発表されたDSM－Ⅲにおいてであり、（自閉症を中心とした）全般性発達障害と（言語障害や計算障害などの）特異性発達障害の二つの障害が挙げられました。DSM－Ⅳではその診断名も消えてしまい、国際的な診断基準においてもいまだに流動的で曖昧な概念であるといえます。さらに、その言葉の意味や内容は行政、教育、医学などの分野によっても、また個々の専門家や施設によっても大きく異なり、統一されているとは言いがたい状況にあります。

それでもあえて発達障害を定義してみると「通常、幼児期、小児期、または青年期に明確になり、知能や認知、言語、行動、情緒、運動、社会性などの機能の獲得が障害される状態」ということになるでしょう。さらに、その障害特徴は「遅れ」「偏り」「歪み」の三つの視点で説明されます。その本態的原因は、中枢神経系の障害や発達の未熟性にあると考えられ、具体的には、精神遅滞、広汎性発達障害（自閉症を代表とする）、特異的発達障害、学習障害、注意欠陥多動性障害およびトウレット障害（チック障害の一種）が含まれます。また、最近は知的に遅れのない、または非常に軽度の遅れを認めるにすぎない一群を軽度発達障害と呼ぶ専門家も多くなっています。このあたりの定義はさらに曖昧となって心理的背景もほとんど無視されており、いよいよ情緒障害との境界が曖昧な概念であり、さらに「軽度」という言葉が状態像の重度・軽度を表しているわけではなく、用語としても混乱を招きやすいと考えます。

精神遅滞の診断も、たとえば知能指数が70未満の子どもを全て精神遅滞とするというような明確な線引きができているわけではありません。目安として70を精神遅滞か否かの判断根拠に設定しているのであって、69の子は精神遅滞で71の子はそうではないと不連続なものに考えることは不自然なことです。ここでもやはり生活の様子や社会性などが重要な判断材料になります。あまり現実的ではありませんが、たとえば運動神経が良く、そのことを利用して生活に不便がなければ、あるいは言葉を操ることがうまくて、そのことで世の中を渡っていければ、あえて知能指数70前後の子どもを精神遅滞と診断する必要もないのかもしれません。発達障害も精神障害の一部に含まれているわけですから当然ですが、ここでも生物学的な背景や心理社会的背景が十分には解明されておらず、診断基準の曖昧さが残されていると言わざるをえません。

個々の発達障害について

①広汎性発達障害（自閉症、アスペルガー障害など）

自閉症は、ア、視線が合わない、仲間関係が作れない、興味や楽しみを共有できないなど社会的・相互的な対人関係の質的障害、イ、言葉の遅れ、会話が一方的で続かない、「ごっこ遊び」など他人と遊びを共有できないなど、言語性・非言語性コミュニケーションの質的障害、ウ、興味の対象が限定している、習慣や儀式的行為にこだわる、手をひらひらさせるなど反復的・常同的・限定的な行動・興味・活動の様式の三つの特徴を有する発達障害です。コミュニケーションの質的異常を認めず、自閉症の他の二つの特徴を認める場合はアスペルガー障害とされますが、自閉症と連続的なものであり、独立した疾患単位とは考えない者もいるようです。

いずれの障害においても、仲間関係を避けているわけではなくむしろ強く希求しており、周囲に対する興味や関心も高く、それでいてその能力に偏りがあり苦手としているため、時に周囲とトラブルを起こすことになってしまいます。コミュニケーションについても同様に、その意欲はあっても、その場や相手に合った的確な伝達手段を選ぶことが困難で、相手に思いを伝えづらい状態であり、誤解や理解されなさを生じがちです。

②学習障害（ＬＤ）

この障害を略したＬＤという言葉には二つの意味があります。医学の分野ではLearning Disorderを言い、教育・心理学の分野ではLearning Disabilitiesを指していて、両者の定義はかなり隔たっています。医学的にはその人に期待される他の能力に比較して「読む」「計算する」「書く」能力が著しく低い障害を表します。それに対して教育の分野では「基本的には、全般的な知的発達に遅れはないが、聞く、話す、読む、書く、計算する、推論するなどの特定の能力の習得と使用に著しい困難を示す、様々な状態を指す」とかなり広い範囲を含んでいるため、現場で一時期学習障害の診断が大流行した一因となってしまいました。いずれにせよ、本人の能力からするとその部分だけが劣ることになるため、さぼっている、気を惹こうとしているなどと誤解される原因になることもあります。

③注意欠陥多動性障害（ＡＤＨＤ）

ア、注意の持続ができない、忘れ物や物をなくすことが多いなどの不注意　イ、落ち着かない、しゃべりすぎ

るなどの多動性　ウ、待てない、他人の邪魔ばかりするなどの衝動性、の三つを特徴とする障害です。ＤＳＭ－Ⅳ－ＴＲによれば、優位な症状によって、不注意優勢型、多動性衝動性優勢型、混合型に分類されます。落ち着きがなく衝動性が高いと、注意を受けている時にも聞いていないように見られ、反省していないと誤解され、怒られてばかりいる結果に陥ることが多くなります。そのため最近は、自己評価が低くなりがちであるとの報告もあります。虐待を受けた子どもに多く見られ、環境要因の影響も大きいと考えられています。

いずれも典型的なものは少なく、お互いに合併していることも多く、現在広く「発達障害」とされている児童の多くは本来「特定不能の」発達障害と言えるかもしれません。発生率は多く見積もっても対象年齢集団の数パーセントにすぎず、増加傾向にあるという証拠もなく、減少してはいないと言えるにすぎない程度と思います。

診断の問題点について

発達障害の定義や個々の障害の特徴を述べましたが、そもそもその診断にも様々な問題点が含まれています。他の精神障害と同様に、現在の医学では本来診断の根拠とすべき中枢神経系の明確な異常が証明されているとは言いがたい状況に依然あります。やはり発達障害の場合も、行動や言葉などから判断される「症状」によって診断されることになっています。すなわち、注意欠陥多動性障害を診断するためには、不注意を示す9症状のうち6症状以上が6カ月以上観察された場合に「不注意」があるとし、多動性－衝動性も9項目のうち6項目以上を認めれば当てはまるといった操作的な診断方法です。日常的な行動観察から診断基準に当てはめれば素人でも診断が可能になったとも言える一方で、異常と正常の境界は曖昧でもあり、ある人にとっては元気で活発な子どもも、他の人にとっては多動で落ち着かない子どもと捉えられることもありえます。観察する人の価値観や許容範囲など個人的な要素が影響してしまいます。

もう一つの問題は、子どもの状況に影響されやすさは、発達に問題のある子どもにおいても当然顕著で、状況次第で表現も知能指数なども大きく変動するということです。体調による違いも大きく、その時の体調などによって、知能テストで30～40の差が出てしまうこともありえます。また心理的虐待・ネグレクトの被害にあっていた子が中学生になって施設に入り、80台であった知能指数がその後2年間で110台になった例もありました。こういった大きな違いを経験することは決してまれではありません。このように、生活の場や教育の場、面接の場など場面によって、または親に対する時、他の大人に対する時、子ども集団の中、医師の前など、相手をする人によって、表現や問題点や能力指数までもが異なってしまうことが多いのです。その意味で、発達障害の診断を下す時にも、やはり様々な生活場面の観察を行い、総合的に判断され診断されるべきです。

恣意的・操作的なニュアンスが入り込む余地があれば、診断に流行が発生してもやむをえません。かつて微細脳損傷という診断が一世を風靡しました。軽度の知的問題と不器用さなどを有した子どもにつけられた診断名でしたが、その「症状群」を十分説明できる生物学的な異常が解明されず、やがて廃れていきました。最近では学習障害が大流行し、そして今、ＡＤＨＤ、広汎性発達障害（特にアスペルガー障害）の流行がピークに達し、２００６年の日本児童青年精神医学会総会においては、アスペルガー障害関連の発表が花盛りでした。その時々のトピックスに乗じることが発表への注目度を高め、研究や論文作成をしやすくするためでしょうか。この傾向があと何年続くか不明ですが、教育や福祉の現場に多大なる影響を与えて、結果として子どもたちに大きな影響を与えていることは否定できません。

個別対応の大切さ

人間の反応や行動や考え方には必ず理由が存在するはずです。親が赤ん坊を育てている時には、赤ん坊が泣いていれば、それが空腹のためなのか、おしりが汚れているためなのか、眠いためなのか懸命に考えるでしょう。あるいは、泣き方のニュアンスの違いをすぐに感じ取って、泣くという単一な方法で表現されている感情に、豊かに対処できるかもしれません。ところが人は言葉による表現のやりとりに慣れてしまうと、相手の態度や行動など非言語的な表現への感性を衰えさせてしまうようです。あるいは、大人は自分が納得できる理由を求めるがあまり、子どもの発している表現に対して理解・納得できない時は、目を閉じ耳をふさいでしまうのかもしれません。

また、人が今考え、行動するパターンは過去からの長い経過の中で培われるものです。親との関係から始まり、様々な人との関わりの中で、対人関係の距離や、表現のあり方、表現の意欲、他人への安心感や思いなどを身につけてきています。発達についても、運動や言語など順調な発達をみせていたか、どの段階で言葉を発しなくなったか、落ち着きがなくなったのはいつからでどのような契機があったかなど、十分な聞き取りが必要です。そういった個人の歴史、すなわち生育の様子も考慮されなければいけません。それなくして診断がつけられるはずもありません。いずれにしても、子どもたちが起こす問題や行動に対して「理由が思い当たりません」と言っていてはいけないのです。

発達障害の診断の流行は、そういった背景を探ることをせず、個々の特性や思いを尊重しない傾向を強めているようにも思えます。子どもの様々な問題行動に苦しんだ親や現場の教師や職員は、やがて背景にある状況や気持ちを慮ることに疲れて診断を求めるようになります。アスペルガー障害などと診断がつくことで「やっぱり障害があったんだ、対応の結果ではなかったんだ」と結論づけてしまっていないでしょうか。もちろん、早期発見、早期療育は重要で、ＡＤＨＤの項で述べたように、不適切な理解と対応は子どもに対して二次的な問題（自己評価の低下など）を生じさせるため、早期から子どもに合った対応や支援を提供するべきではあります。しかし、親や関係者が診断をどのように受け取るかの考察なしに診断のみを伝え、対応をマニュアル化するだけでは誤りであると言わざるをえません。前述したように「発達障害」という言葉は、かなり広範囲で質的にも異なったものを渾然一体化したものです。「癌です」と言われたときにイメージすることは人によって大きな差はないと思いますが、「発達障害」に対してイメージするものは、人によって相当な差があると考えられます。ここでも個別性が注目されるべきです。

多くの発達障害の子どもたちは、言語的・非言語的表現を苦手としています。自分の気持ちや状況を伝えることにこそ困難性を有しています。私たちはこの子どもたちを理解するために、背景の状況を十分に知ったうえで、懸命に一人ひとりの子どもたちを観察して、彼らの言葉に耳を傾け、彼らの発する表現のニュアンスを感じ取り、個々の特性を把握する力を磨かなくてはなりません。発達障害に限らず、子どもに関わる専門家にとってこのことが常に最も重要なことと考えます。

発達障害に対する治療

発達障害の治療に対する精神医学の貢献は限定されるかもしれません。そもそも診断名や子どもの特徴を親などに伝えること自体が、子どもの置かれる環境に影響を及ぼし、治療的な行為と考えなくてはなりません。一方で、医療の最大の武器の一つである薬物療法によって、発達が促されることはいまだに実現していません。しかし、不安感をやわらげる、衝動性を抑える、多動を軽減するなど対症療法的に薬物は効果を示します。また、集団不適応やパニック、叱られ続けること、対人関係の挫折など様々な二次的な躓きに対する支持的精神療法も子どもの生活の質の向上に寄与するかもしれません。医師の「権威」を活用して、家庭や学校に対して子どもの特徴を説明し、対応方法について助言指導することにも大きな意味があります。

（横浜市における）発達障害に対する治療は、医学的治療よりも、行動の枠設定等の訓練に重きを置いた療育が中心になっています。市内に7カ所の地域療育センター（民間法人経営）が設置されて、診療と通園指導が行われています。心理・理学・作業・言語聴覚などの訓練指導やグループ療育が中心に行われ、新たな治療方法の開発にも熱心に取り組んでいる施設もあるようです。さらに、最近は幼稚園・保育所や小学校などへの巡回指導も開始されています。早期療育は子どもの行動コントロールに大きく寄与するようです。早期療育の必要性が言われるゆえんは当然そこにあります。一方で大学病院へ来院または児童相談所に来所する子どもは、療育による治療が物足りなく感じるか、療育の職員と衝突してしまったか、多動や衝動性が著しく、それに対して療育の場が十分対応してくれないとの思いをもった場合がほとんどのように思います。このことは否定的に捉える必要はなく、医療と療育の役割分担が進んでいるとも考えられます。

3　子ども虐待が精神障害・発達障害に及ぼす影響

近年子ども虐待の増加に歯止めがかかりません。家庭に様々な複雑な背景があって虐待は発生しているため、その環境に子どもを帰すことは困難な場合も多く、必然的に、児童福祉施設に虐待を受けた子どもが増えていくことになっています。

子ども虐待は本来自分を守ってくれて安心を与えてくれるはずの「親」からの加害であるため、被害児童やそのきょうだいなどに様々な影響を及ぼします。子どもたちはその心身に及ぶ影響を背負って施設に入所してきます。さらに、少し慣れてくると、いわゆる「被虐待体験の再現傾向」すなわち虐待にさらされていたころの対人関係や感情表現のパターンを再現するようにもなります。その傷ついた子どもたちの行動は激しく多岐にわたるため、施設に及ぼす影響も大きく、ある研究では、施設児童の8割以上を被虐待児童が占めるようになると、施設崩壊の危険が急速に増すとのことでした。

子どものころの問題にとどまらず、虐待の影響は成人になっても続くということも数多くの報告が示しています。著しいものとしては、虐待を受けた子どもはその後の人生の中で約40％が大うつ病を発症するとの報告、被虐待経験を有する人は摂食障害の発症率が対照群の3～11倍などの報告が認められます。

ここでは、子ども虐待とその結果発生すると考えられる精神障害との関連、発達障害との関連について述べます。

子ども虐待と脳への影響

近年、心的外傷後ストレス障害（以下ＰＴＳＤとする）の研究から、子ども虐待が脳（の発達）に及ぼす影響についての研究が進みつつあります。それらをまず箇条書きふうに挙げてみます。より幼い年齢から虐待が始まり、虐待を受けていた期間が長い子どもほど脳の体積が小さいとのことです。被虐待児では、左右の大脳を連絡する役割を持つ脳梁という繊維群も同様にその体積が小さいという報告があります。記憶機能（特に顕在記憶）に関わるという側頭葉の内側の小さな組織である海馬の萎縮も指摘され、情動や社会的行動のコントロールに関与しているといわれる扁桃体の容積減少も認められるといいます。

さらに脳の機能面についても様々な研究が進んでいます。注意集中機能と関連する前帯状回（前頭葉にある）や社会性と関連があるとされる眼窩前頭皮質、表情認知と関連がある紡錘状回などに血流低下が認められるとの研究、言語表出に関連するブローカの言語野という部分の機能低下や注意・警戒行動との関連があると考えられる青斑核の反応性亢進なども報告されています。

これらはＰＴＳＤを発症したいわば重篤な被虐待児童に対する研究による結論が中心です。強調しておきますが、虐待を受けても健康に育つ子どものほうがはるかに多いと思われます。その意味で虐待を受けた全ての子どもがこのような脳の変化を来たしているわけではないはずです。しかし一方で、虐待が少なからず子どもの脳の発達に影響を与えていることもこれらの報告は示しています。

子ども虐待と精神障害

このように虐待はそれを受けた子どもの脳に様々な影響を及ぼしている可能性があり、その結果その子の行動や対人関係に影響を及ぼしている可能性も大であります。以下に子ども虐待を受けた子どもたちに認められることのある精神障害を挙げて前節との重複を避けながらその特徴を簡単にまとめます。

①反応性愛着障害

前述したように、乳幼児期の対人関係における基本的信頼感を身につけるべき時期に、ネグレクトや不適切な養育などによっていわゆる「愛着」が十分形成されていない状態です。子どもらしい基本的な情緒的欲求に乏しく、その子どもを世話をする人は関係が深まらないことに悩まされることが多くなります。

②注意欠陥多動性障害（ＡＤＨＤ、ＡＤＤ）

前述の三つの状態を特徴とし、集団の中で問題児扱いされる結果となり、叱られる機会が多く、その分自己イメージを傷つけていることが多いといわれます。

③ＰＴＳＤ、解離性障害

心的外傷に関連した出来事を極端に恐がったり逆に繰り返し話したがったり、悪夢を見るなどの「再体験症状」、その場所をいやがり、話題にするのを極端にいやがったり、ひきこもって楽しめないなどの「回避・麻痺性症状」、寝つきが悪く、かんしゃくを起こしやすく落ち着かないなどの「過覚醒」を特徴とし、退行して暗闇を恐がったり、夜尿を認めることもあります。

④抑うつ

興味関心が薄れて、意欲が低下して元気がなくなる状態ですが、子どもの場合は抑うつがイライラする気分として現れることもあります。思春期以降では自傷行為や反社会的行動などの形で現れることもあると言われています。

⑤その他

摂食障害（拒食症や過食症）、行為障害（いじめ、脅迫、暴力行為、盗み、性的逸脱、ウソをつくなど）、依存症（アルコール、薬物、シンナー、ギャンブルなど）睡眠障害（入眠障害、夜驚症など）、排泄障害（夜尿、遺糞など）などが挙げられます。

家族から分離されて施設などで過ごすようになると、子どもたちは入所直後の環境の大きな変化に対する不安や緊張のため、食欲が低下し口数も少なく活動性が低く見えることがあります。逆にカラ元気を見せて危なっかしい子も珍しくありません。少し慣れてくると、子どもたちはそれまで身につけてきた文化や対人関係パターンや表現パターンを垣間見せるようになります。食事の食べ方はむさぼり食いで、時にはやくざ顔負けの言葉を使い、落ち着いて学習などできません。リストカットをする子もいれば、うろうろして行く先々で他の児童とトラブルを起こすこともあります。そうした初期の不安定な時期をやっと乗り越えて少し安定してきたかと安心していると、今度は自分の受けてきた様々な（虐待）体験を再現しようとします。「俺はこんなふうに生きてきたんだ」ということをまるで見せつけるかのごとく、それまでの自分をなんとか肯定しようとするかのごとく「こんな俺でも良い子だと言うのか」「それでもおまえたちは叩かないのか、見捨てないと言うのか」と試しているかのごとく見えます。しがみつき、罵倒・暴言、嘘、裏切り、暴力、自傷行為、自分が受けてきたであろう様々な問題を今度は職員に突きつけてきます。この状態では、上記の全ての精神障害の診断名が当て嵌まるかのように感じられることもあります。しかしこういった一連の経過は、程度の差こそあれ、多くの子どもが通過せざるをえないものです。この時期は施設職員にとって地獄ではありますが、粘り強く対応し時期を待つうちに落ち着いていく子どもも多いことでしょう。一方でこの時期を過ぎて、症状や問題行動が持続したときに、初めて精神障害の診断は考えられるべきであり、その時には本格的な精神医学的治療の必要性が生じてきます。

子ども虐待と発達障害

被虐待児童の心理テストを行い、あるいはその結果を見たことのある者ならば少なからぬ子どもたちの発達のバランスが悪いことに気づくでしょう。そこに脳の研究の進歩もあいまって、最近は子ども虐待と発達障害、特に軽度発達障害と呼ばれるようになった一群との関連を報告した論文も散見されるようになっています。被虐待児童に見られる発達に関する報告としてまず挙げられたのが、知能指数70～80程度の境界知能といわれる一群であり、また、知能に見合った学習成果が得られない学習障害などでした。さらに、虐待による愛着障害と広汎性発達障害、愛着障害と注意欠陥多動性障害や学習障害などとの類似点や関連を述べた論文、被虐待児の脳の研究と発達への影響や問題行動との関連を述べた研究論文などが本邦でも認められます。しかし、この分野の研究は始まったばかりであり、虐待を受けた子どもたちを発達障害の視点を持って支援すべきだ等の理解に留めているべきと思います。

一方で、一時保護所などで子どもたちを観察し、面接をして筆者が感じることは、被虐待児童の情緒的な表現の拙劣さということです。心理テストで十分な言語能力を有していると判断される子どもでも、いざ自分の気持ちや思いを言葉にさせようとすると、その語彙も頻度も少なく、なかなか的確に自分の気持ちを表現できず、自分でももどかしさを感じているようです。その結果、時には感情を爆発させて「キレて」しまうことすらあるのです。そのような児童が非常に多い印象を抱いています。ある児童自立支援施設の精神科医も同様の印象を持ち、感情を表す言葉のリストが欲しいとある研究会で述べていました。このことは、「子ども虐待と脳への影響」の項で述べたブローカの言語野の機能低下からも説明が可能な状態像と考えられるのではないかと考えています。

背景としては、幼少期から豊かな親子間の情緒のやり取りが不十分であった、自分の気持ちや思いを聞いてもらえる機会が少なかった、自分を取り巻く大人が繰り返し暴力や暴言や汚い言葉で感情を表しており適切なモデルに出会う機会に恵まれなかったなどが原因として考えられます。診断分類されているような状態ではありませんが、このことも被虐待児童に頻繁に見られるある種の発達障害と捉えることができ、子どもの行動や対人関係に大きな支障を来す原因の一つになっていると考えられます。

子ども虐待とその影響を論じるとき、いつも「卵が先かニワトリが先か」ということが問題となります。すなわち、「子どもが初めから何らかの発達や情緒の問題を有していて、それゆえ育てづらいから虐待が発生した」のか「虐待の結果、子どもは様々な問題を持つようになった」のかということです。丁寧な生育歴を聞き取ってもこの問題は区別しがたいことがあります。子どもに発達面や情緒面に育てづらさがあり、親子間の相性の悪さがあり、虐待によってそれらがますます強まる、と考えるのが妥当かもしれません。その結果子どもはますます過敏となり状況に揺さぶられやすくなり、ますます育てづらくなるというふうに悪循環が進むのでしょう。いずれにしても当然本来は子どもに何ら責任がないことは強調しておかなくてはなりません。

子ども虐待がそれにさらされた子どもたちに様々な影響を与える可能性があることを述べてきました。いくつかの診断名も挙げましたが、前節で述べたように、診断名にのみこだわることは子どもの全体像を見失い対応を誤る危険性を孕んでいます。さらに被虐待児童が示す様々な問題行動は、脳の問題で全て説明することも現状では不可能なことです。子どもの全体像を理解するためには、やはりその子どもの「歴史」を知ろうとすることから始めるべきです。

4　子どもを理解するために

先日、ドメスティック・バイオレンス（以下ＤＶ）等が原因で両親が離婚した後、妹の面倒を見ながら家事もこなし、学校でいじめを受けケガをしても心配をかけないために母親に話さず、うつ状態に陥っていた母親を健気に支えてきた中学生の女の子が一時保護目的で連れられてきました。やっと立ち直り仕事を始め安定した母親を見て、自分の順番とばかりに種々の問題を出し始めた子どもに対して、まだ余裕のない母親は感謝し労うどころか、もう役割は終わったとばかりに保護所に「捨てに」来たかのようにその子を置いて行ってしまったのです。

また、３人きょうだいのなかで自分だけが著しい虐待を受けて、ひとりだけ保護されて来た子がいました。学校でもいじめられることがありましたが、誰にも相談できずにひとりで耐えていたようです。この子が保護されている間に家族は転居し、一時期連絡も取れなくなってしまいました。これを知った子どもが保護所で些細なことにいらつき、暴れるようになったことは当然かもしれません。

被虐待、親との死別、親の入院など様々な背景を背負い、不安や緊張や悲しみや怒りや絶望など表現しきれないほどの様々な感情を抱いて子どもたちは一時保護所や施設にやってきます。その子どもたちが示す姿も、人を信用せず拒否的な子、不安で緊張し緘黙の子、ハイテンションで明るい子など様々です。発達障害であろうが精神障害であろうが「普通の子」であろうがこのことに変わりはありません。これらの子どもたちのこころを理解し、行動の意味を考えるためには、何を知りどう観察するのか、第二章・第三章と重なる部分もありますが、そのことについて述べていきます。

基本的な考え方

一時保護所や児童福祉施設に入所している子どもの心理について考える時、大学病院に勤務していたころに関わっていた、小児科病棟に入院中の子どもたちの心理と比較することがあります。小児科病棟に入院中の子どもたちも、自分で望んで入院してきているわけではありません。不運にも病に冒されてしまい、多くの場合は親に連れられて受診して、主治医に説得されて不本意にも入院に至り、先行きのわからない状況で医者の方針に従って様々な負荷のかかる検査を受けさせられます。退院も自分では決められず、検査をいやだと言っても最終的には受けざるをえません。この状況は、虐待を受けて児童相談所が関わり、不本意にも施設に入れられた子どもの姿と共通する部分が沢山あります。

まずは、子どもにとってあくまでも受動的なできごとが起きているということです。虐待を受ける（病気になること）ことも、施設に入れられる（入院させられる）ことも、ほとんど全てを自分の周りの大人たちが決定します。意見を一応聞いてはくれますが、実は決定したことについて、納得したかに見えるまで説得されたにすぎないかもしれません。そんな時子どもは、多少被害的な気分で入所してきても仕方がないかもしれません。入所後も、面会の日程も、どの学校に通うのかも、どんな持ち物は許されるのかも、やはり親や児童相談所や施設の職員が決めてしまいます。能動性を奪われた子どもは、自信を失うこともあるかもしれませんし、うつ状態になることもありえるでしょう。時には怒りを覚えることもあるかもしれません。

二つ目は、先行きの不透明さです。入所がいつまでで（入院期間）、自分はやがて家に帰れるのだろうか（退院できるか）ということは、誰も明確にしてくれません。先が見えない時には人は当然不安になります。入院中の子どもも心配する親を慮って、つらさをなかなか表現しないことがあります。虐待を受けた子どもの多くは、さらにその感情を表現することが苦手なために、これらの不安を誰かに伝えて慰めてもらうことができません。すると不安は自分の中でどんどん大きくなることもあるかもしれません。たとえば白血病など重篤な身体疾患では、子どもは死の恐怖とも戦っています。生きてこの病院から出ることができるだろうかと考えますが、施設に入所中の子どももそれに近い思いを抱いているかもしれません。

第三に、様々な侵入的なできごとが襲ってくるということです。入院中の子どもは採血やその他痛い検査をいつ受けるのかビクビクしています。施設の子どもたちは、痛い検査こそありませんが、年上の入所児童に脅されるかもしれませんし、会いたくない親がいつ現れるかも心配です。約束の日に親が連絡もなく来なければ、それは痛い検査以上に長く傷つくことでしょう。

このように、身体疾患で小児科病棟に入院している子どもたちと、虐待を受けて施設に入所してくる子どもたちには多くの基本的な共通点が認められます。これらの境遇に置かれた場合の心理を底流に持ちながら、子どもたちは様々な状況に対応していかなければなりません。そのような子どもを理解するための背景についてさらに考えてみます。

子どものこころを推し量るには

「三つ子の魂百まで」という諺があるように、乳幼児期の経験は、その後の人生に大きな影響を与えます。あるいは、人は身についた行動や思考パターンをなかなか変えることができません。それゆえ、今現在の子どもの心や反応や問題行動などを理解するには、前述したように、まずはその子の生育歴や生活歴をできるだけ具体的に知る必要があります。

子どもがどのような環境や思いの中で育てられてきたのか、いつからどのような虐待を受けてきたのか、それもできるだけ具体的に知ることが大切です。授乳はどのように行われていたか。ある親は、哺乳力が弱くてとにかく授乳に時間がかかって、何もできず困って、そのころから子どもはかわいくありませんと話してくれました。寝るときの様子はどうだったろうか。添い寝もほとんどしてもらったことがなく、幼児期には眠れないといつも別の部屋で寝ている母親の所へ行き、枕元で立っていた子がいました。1歳ごろには母親は恋人の所へ入り浸り、帰ってくれば叩かれて「おまえたちがいなければ」などの言葉を浴びせられ、祖父母の家と行ったり来たりさせられ、食事は時にペットの餌のようにお皿に置かれた物をきょうだいで分け合って食べていたきょうだいにも会いました。置かれた状況をできるだけ具体的に聴取することで、その子がさらされていた対人関係のパターンや生活状況を知るようにします。そのパターンやその時の感情や感覚は程度の差はあっても、施設や学校など環境が変化した後に必ず思い出されて、再体験されることもあるようです。それゆえ生育歴は子どもの行動や気持ちの理解に何よりも重要な情報となり、対応や接する大人の身構えを考えるうえで重要なヒントを与えてくれるはずです。

また、子どもが安心して過ごしていた時期の情報も重要です。それが短期間であっても、養育者が育児を楽しみ、その子どもを慈しんだ時間を享受できた子どもは健康さを保っていることが多いように感じられます。親と安定した安心できる時期をいつどのくらい持てたかということは、人に対する基本的な安心感や信頼感をどの程度持ちうるのか、どの程度自分を大切にできるのかということの尺度にもなります。そのことは子どもの長期的な方針や予後を考える時に重要な情報になります。

子どもが育つ時の家族の状況についても同様です。また、これらの情報を取ろうにも親が覚えていない、語りたがらない、または語るべき人が身近にいない状況があり十分な生育歴が聴取できない場合は、その子の養育状況が悲惨であったと考えられる場合が多いようです。

どのような事柄や言葉に傷ついてきたのか、どのような刺激に敏感でどのように反応してきたのか、感情表現の特徴や困った時にはどのように解決し誰に頼ろうとしたのか、なども知っておく必要があります。その子どもに特徴的な問題解決パターンや対人関係の傾向を知ることができると、子どもの反応や行動の意味を知り予測を立てることも、治療的・医療的な支援が必要になる可能性が高いのか否か、長期間必要なのか等を予測することも可能になります。

連続性が保たれているかということも重要です。周囲が十分関わり関係性ができてきたなど、経過から納得できる変化である場合は、普通ゆっくりと変化し「そう言えば最近……」といった形で気づかれることが多いものです。一方、元気さや快活さが急激に低下した、突然成績が下がった、几帳面な子がだらしなくなったなど気になりがちな変化はもちろんのこと、突然積極的になった、急に明るくなったなど、それが一見良い変化に見える場合でも急激な変化は要注意です。何らかの精神障害の発症の兆候である場合も含まれていることがあります。生育歴の中にそのような不連続性がある場合や、関わるなかでこのような不連続性が出現するときには、医療のチェックを受けさせる根拠の一つになります。

子どもは言語能力も問題解決能力も成人に比べて未発達であり、状況に揺さぶられやすく誘導尋問に乗りやすいと言われています。あるいは子どもは大人に気遣い大人の期待するところに応えようとする傾向もあります。このため子どもから話を聞き取り、子どもの意思を確認するためには、できるだけ生活場面で、安心できる人が聞くなど様々な配慮をすべきです。また、子どもは自分の秘密を恐る恐る話した時に、大人の態度や動揺からその内容の重さや大変さを初めて知ることも多く、聞き取る際に迷いや動揺のない態度が大切でもあります。大人が子どもに聞くことは時に「責める」「問い詰める」ことになりがちなので、態度や言葉遣いに気をつけることが必要です。同じことを別な時に聞くあるいは別な人が聞き内容に動揺がないか確かめます。特に情緒的な訴えは時に素直に表現することが困難で逆のことを言ったりすることすらありますので、それらのことに注意しながら、健気に懸命に生きてきた足跡を評価し、時に感動しつつ一緒に辿ることから聞き取りを開始すると良いでしょう。

年齢に比べて突出している部分も見逃してはいけません。年齢不相応な性的関心の強さから性的虐待の被害経験に気づかれることがあります。興味関心、遊びの内容、しゃべり方、持ち物など、子どもの生活史との関連や知的レベルなどが反映されます。年少児または逆に年長児とばかり遊びたがり、職員にも年齢にそぐわない甘え方をしてくるなどの行動は、その子どもの未熟さや拙劣な対人関係を表すこともあります。

いずれにしても多くの子どもを見てきた職員は、自分の直感や印象を大切にすべきです。どこか他の子どもと違う、何かおかしいと感じたときは、それを無視せずその子に注意を払い、他の職員の意見を聞くなどしてその「気づき」を表面化させ、記録を残しておく必要があります。複数の職員からその子の変化や異常さなどが指摘される時にも医療や心理診断の登場を考慮して良いかもしれません。心理テストや医療検査についての詳細は第四章で述べることにします。

症状をどう捉えるか

子どもの気になる様子が症状として捉えられるか否かの判断は難しいものです。それは、前にも述べたように、子どもは防衛機制の未熟さなどから環境や状況の影響を受けやすく反応を起こしやすいこと、言葉を使って自分の状態を説明することが時に困難であること、年齢や発達段階によって「症状」が変化すること等のためと考えられます。基本的には「症状」は、ある一定期間続くこと、異常に激しく強いものであること、同年齢集団と比較して著しく突出していることが基本であり、さらにその問題が著しく日常生活の妨げになり、時には本人にとってあるいは周囲にとって苦痛をともなっていることも重要な特徴です。前述のごとく生育歴の根深さや急激な変化があることも判断の助けとなります。ここでも「直感」は大切にすべきです。時に生活場面の出来事、学校場面の出来事、家族の出来事などと「症状」の変遷を年表のようにまとめてみるのも有意義です。子どもがいつも決まった出来事や言葉などに反応している場合も珍しくないからです。対象がはっきりしない不安感やイライラなど、散々皆で考えても背景や理由の明確でないエピソードは「症状」であることも多いと考えられます。内部の職員がそのような観察や工夫をしたうえで、「症状」が持続する時には外部の医療や心理の判断を得るようにすると良いでしょう。

また、「症状」をコントロールできる場や時間がどの程度保たれているかということも大切です。たとえば、強迫症状（不潔恐怖や確認強迫など）を出し始めた子が、施設や家庭内では症状が出るけれど、学校では一切出さずに踏ん張れるようであれば、まだ一定の健康さを保ち、本人もそれを維持しようともがいている段階で、生活の中で回復していく可能性があるとも考えられます。早めの治療に躊躇は不要ですが、病的な状態が広がっていく傾向にあり、コントロールが困難になれば、明確な症状として治療を要すると考えるべきでしょう。

精神医学的な症状は様々であり、年齢や発達段階によっても異なります。小学生男子がぬいぐるみを抱いていないと眠れなくても違和感はありませんが、高校生男子がぬいぐるみなしでは眠れず、それに固執するならば問題かもしれません。逆に高校生が夜中まで携帯電話にしがみついていることはよくありますが、幼児が夜中まで毎日眠られないようであれば要治療としなければならないでしょう。ここでも、同年齢集団という尺度を用いて比較することが有用になります。様々な「症状」の発現時は頑張りつくした結果であると考えると、症状が少しでも出てきた時には、それに対して早急な医療ケアを与えることが大切かもしれません。医療に委ねることは職員の対応の失敗の結果とは言えず、子どもに対して支援の輪を広げてあげる行為にほかなりません。それゆえ敗北ではないと考えるべきです。

子どもを動揺させる種々の状況

子どもが一時保護所や児童福祉施設などに入ることには大きな意味があります。子どもが家庭から分離されるということは、生活を根こそぎ奪われるということです。自分を守ってくれていた家族（まがりなりにもある部分は）や学校の先生や近所のおばさんたちなど自分を取り巻いていた人々、自分の気持ちをやわらげてくれた家のにおいや自分で集めたガラクタ、ベッドのタオルやオモチャの数々など、それらからもほとんど全て分離されて施設に入所してきます。このことは子どもの心を根底から揺さぶります。子どもが動揺し問題を起こす時には、このように足元から子どもを揺さぶるような、根本的なところでいつも燻《くすぶ》っているような問題と、そのつど直接的な誘因になる出来事とが重なっていることが多いように思います。たとえば18歳も近くなり施設からの卒業が迫ってきても就職や居住先が定まらずにいる時に、部屋で誰かの持ち物がなくなったときに真っ先に疑われて、暴れてしまったというふうなことです。この場合、先行きの不透明さと、疑われたことの両方についてきちんと話し合い整理することをしなければ、子どもも落ち着いていかず、疑ったことに対して謝罪しただけでは、いつまでも根に持つことになりそうです。

人は環境が大きく変化する時には動揺しやすいものです。施設退所の時と、入所の時はやはり大きな負荷がかかります。入所時に整理しきれない気持ちを抱いて来た場合も（ほとんどの子どもたちは整理しきれていませんが）底に不安定な流れを有していると考えなくてはなりません。

親との関係を整理していく時も不安定です。親の面会のあと不機嫌になり不安定になる子どもはよく観察されます。面会の約束を反故にされればなおさらです。一時保護所に保護されて「家には帰らない」と明言しつつ不機嫌になる子どもも少なくありません。表出した言葉と本音が乖離《かいり》しているのでしょう。再統合に向けての子どもの気持ちの変化も大きいものがあります。不安や期待などで柔軟性を失っているかもしれません。その他、進学についての葛藤、卒園を前にした時の親との関係の整理のできなさ、住居や仕事が定まらない時期の不安なども子どもを大きく動揺させるでしょう。

5　精神障害や発達障害への対応

保護所の子どもが暴れているということで呼ばれました。子どもは一切口をきいてくれません。ただ激しく物にあたっています。少し離れた所に座って見ていると、自分を傷つけてはいませんが、その行為はまるで自傷行為のように見えます。座ったままでしばらく何を悲しんでいるのか、何を怒っているのか考えました。暴れている子どもに向かって筆者はとにかく一方的に声をかけました。自分だけ何ゆえこんなところに入っていなくてはならないのか、何ゆえ自分は親から虐待を受けたのか、自分は何ゆえ集団の中でいつもいじめられてしまうのか、そんなことを考えて苦しんでいるのではないかと想像して、声をかけていました。そのうちに、子どもの怒声はすすり泣きに変わっていきました。筆者が想像して声をかけた内容のどれかが届いて琴線に触れることができたようです。

先日、ある知的障害児施設を訪問し事例検討を行いました。いわゆる軽度発達障害の中学生が学校で暴力などの問題行動を起こし、教師が音をあげての緊急検討会でした。悲惨な生育歴から担任教師も同情をしたのでしょうか、当初は抱っこやおんぶなどスキンシップのサービスまでしていたそうです。その後体調を崩してそれまでのサービスが困難となったため、子どもが不安になりつきまとい、執拗になり挙げ句は暴力を振るうようになっていました。子どもの行動の変化はこのように、時に職員や関わる大人の態度や変化に揺り動かされている場合も少なくありません。子どもの行動の背景には必ず原因や誘因が潜んでいます。様々なものを背負った子どもたちを順調に大過なく育てることは大変なことであると日々痛感します。言葉で十分説明してくれない子どもたちの気持ちや思いを、常に汲み取りつつつきあっていかなければなりません。ここでは、主に精神障害や発達障害を有する子どもたちへの対応について考えていきます。

対応についての基本的考え方

①症状（問題）発生の背景を知る

第四章でも述べますが、虐待を受け、一時保護所や施設に入ってきた子どもは、様々な思いや傷を背負って入所してきます。子どもと関わるあらゆる職種の職員はそのことに対して鈍感であってはいけないし、慣れてしまってはいけません。子どもの問題行動（暴力、自傷など）の多くは、背景に必ず入所してきたころの気持ちの整理しきれなさがあるからです。行動の逸脱はその結果であると言っても過言ではありません。子どもがひとり家庭を離れることの意味は大きく、そのことに納得するには相当の覚悟が必要です。

さらに、生育歴から知ることのできる子どもの特徴の理解、問題発生のきっかけとなりやすい事柄や状況（友人関係、行事、面会など親との関係、職員との関係など）の把握、発達の特徴から予測できる反応のパターンなどに常に気を配っておきます。乳幼児期の早い時期の愛着関係の不十分な子どもにとっては、職員と良好な関係を結ぶまでには相当長い時間を要するかもしれません。ケガをしても心配をかけまいと大人に知らせもしなかった子どもが、入所早々に言葉で気持ちを表してはくれません。生育歴からは安定した関係性ができて、行動が落ち着くまでに今後どのくらいの期間が必要かということも推測できます。

このように様々な背景を持っている時に、問題の直接的なきっかけだけに注目していてはうわべだけの対応になります。懸命に生きてきた子どもたちの敏感さにはいつも驚かされます。子どもたちの問題行動を考える時、背景にも目を配っているという視線を子どもたちに向けているかということはいつも見抜かれていると考えるべきです。

②刺激となる背景の整理

背景の分析が済むと次にはその背景を排除し軽減する工夫が必要となります。視覚刺激に敏感な子が、周囲からの刺激に巻き込まれないためにマンガやゲームに没頭して刺激を少なくする工夫をしていることがあります。それでも周囲の子も職員も、集団生活の中ではひとりでいることを許してくれず、刺激の中に連れ戻そうとしてしまいます。筆者が参加した施設職員との事例検討会でも、カーテンの設置を提案すると、それは非現実的だとの批判をあびてしまいましたが、机の下でも物置の中でもひとりになりたい時に逃げ込めるスペースを確保してあげるべきであると主張しました。これまでにも子どもが自分を守ってきた方法は必ずあります。それが嘘をつくことであったり、逃げることであったり、決して褒められるようなものでなくても、そうやって生きてきたわけですから、急には変えられません。しばらくは尊重し、見守ってあげる必要があります。

先の見通しを少しでも持ってもらうためには、情報をきちんと子どもにも伝えることが大切です。親の治療がどこまで進んでいるか、職員と親との面接では何が話し合われたのか、施設との入所交渉はどの施設に対して行われてどのような進捗状況か、進学は公立だけなのか私立やサポート校も可能なのか、卒園後の就労がうまくいかなかったらどのような道があるのかなど、大人が得た情報や見通しなどを随時子どもにも伝える（ある程度の取捨選択はせざるをえないこともありますが）ようにします。

親の面会前後に不安定になるようならば頻度や時間を制限する必要があります。その時には改めて親の問題点について子どもと話し合って、親との距離を整理することを促します。発達障害の子どもが行事など日常生活の変化に弱いならば、準備期間を長く取り、早くから行事の説明をし、当日は慣れた職員などが近くで見守る体制をとって参加させると良いでしょう。背景を把握できれば、このようにその刺激を避け減ずるための具体的な工夫と援助が可能となります。

③誘因となった契機への対応

背景にある問題の影響はいわば底に流れている感情や気分の状態を決定づけます。その上に直接的な引き金が重なって感情を爆発させることが多いと考えられます。個人にとって、引き金になる事柄や状況は多くの場合いつも同じような傾向にあります。バカにされたと感じてしまう傾向があって仲間からの言葉に対して被害的になり暴れてしまう子、言葉や行動がエスカレートしがちで仲間との言葉のやりとりから興奮してしまう子、空腹や寝不足などによって気分が変わってしまう子、周囲のざわつきに刺激されてしまう子など、各々の子どもにパターンがあります。発生した問題に対してまずは興奮を収めて、後によく話し合い反省を促すことは当然ですが、この時に繰り返されるパターンに大人が気づきそれを子どもに伝える作業も大切です。そのうえで対応方法を一緒に考えます。

④時間と労力のプレゼント

子どもたちは身近な大人（職員）に一様に関わりを求めています。施設に慣れ、居場所として安心できるようになると、その欲求は一層強く表出されます。発達障害ゆえに周囲と良好な関係を築けず、精神障害ゆえに不安な日々を過ごしていればなおさらです。特に女の子は何か用事があるわけでもないのに職員にいつもつきまとって職員を疲弊させます。職員も何かしら用事を設定して、関わる時間に枠を作らなければ大変です。関われない時にはきちんと理由を知らせて納得させなければ不安に陥り「試し行動」がエスカレートして混乱します。この時期の職員が、時間と労力を、うんざりしない程度に与えることが、その後の安定に大きく寄与します。

　それでも、子どもの特徴を把握するためにも、子どもの行動に枠を設定するためにも、孤独や不安をやわらげるためにも、興奮を収め理由を聞き出すためにも、膨大な時間と労力がかかることを覚悟しなければなりません。それが子どもにとって最良の贈り物であり、最良の治療でもあります。

⑤「特別扱い」ということ

　一時保護所や施設では多くの子どもが生活しており、ひとりの子どもを特別扱いすることは困難であるという意見をよく聞きます。不登校に陥った子どもはしばらく休ませることが必要な場合も多いけれど、他の子どもたちがきちんと学校へ行っている手前、なかなか昼間施設で安心して過ごすことを許すわけにはいきません。食物アレルギーの子にひとりだけ別なものを食べさせるのは忍びないかもしれません。施設側の事情も様々あり、ひとりの子どもに何か特別な配慮をすることに関しては、職員も限界に苦しむこともあるようです。

　しかし時に特別扱いできなさが職員側の意地や都合のためであり創意工夫のなさであると感じることもあります。筆者がかつて勤務していた思春期病棟では、病状に応じて対応の個別性が重視されていました。職員との散歩、食事、登校、外出、外泊と子どもによって認められることが常に異なりました。当然子どもたちは「私も」とおねだりをしてきましたが、そのつど説明をして納得させればやがて収まるものでした。精神障害や発達障害の子どもには時に「特別扱い」が必要になることがあります。覚悟を決めて他の子どもへの説明を尽くし、その必要性を保証することも大切です。子どもたちは納得すると我慢強くもありますし、耐える力も強くなります。その努力をせずに「他の子どもの手前」「その子だけというのでは不平等だから」と安易に言っているとするならば、それは大人の怠慢になってしまいます。子どもにとって必要な援助であれば、それを行うことのほうがむしろ平等と考えられるのではないでしょうか。

⑥集団を生かす

施設や一時保護所での生活では驚くほどプライバシーの確保が困難です。子どもたちは常に他人の視線にさらされ、他人からの刺激を受け続ける生活を送らなければなりません。幼稚園では約5分に1回の割合でケンカが起こる（持続時間は平均約30秒）という報告がありますが、もともと発達に歪みを認めるなどして集団にうまく適応できなかった子や、強がっている子も施設等では多く、幼稚園に近い状況に陥っても不思議ではないかもしれません。集団をどうコントロールし、活用するかという視点も大切です。部屋割りを考える、当番の時に組ませる相手を考えるなど日常的に行われていることと思います。

集団の中の競い合いを利用することもあるでしょう。我慢すること、頑張ること、考えることなどについて、身近な同年齢の個人を引き合いに出します。比較しすぎはその子を傷つけることがあり、程良くということを常に意識しなければなりません。集団の共感性も重要な意味を持ちます。同じような境遇の子どもが沢山いるためか、子どもの問題に対して大騒ぎしているのは大人ばかりで周囲の子どもたちは冷静に眺めているということも観察されます（もちろん逆の場合もありますが）。たしなめたり、慰めてくれている姿もよく見られます。この時の注意点は、たしなめ慰めてくれた子どもに感謝し評価することです。それによってその子どもの許容力が増すことが多いからです。子どもにとって周囲の子どもたちが最も良き治療者であることは珍しくありません。

集団生活は多くの軋轢を生みます。直接的なコミュニケーションの連続では疲れてしまいますので、媒介の存在や利用が役立ちます。職員など、人が媒介になることはもちろん大切ですが、遊びや行事が効果的な媒介になります。行事の準備を一緒に行う、思い出や記憶を共有するということも集団がともに暮らしていくためには意義のある媒介になります。

逆に集団の刺激の影響を受けすぎる場合や、集団化して問題を起こす場合などは、集団を何とかして分散させなければなりません。あるいは職員間の意見や対応の統一性をより強くしなければなりません。個室の利用や部屋割り、日課の時間をずらすなどの工夫が必要になります。常に集団の力動を把握して柔軟に集団を変化させていく姿勢が求められます。施設内でそれらの工夫が困難であり、あるいは無効な場合には、児童相談所の一時保護所の利用や措置変更（できるだけ避けるべきですが）ということもありえるでしょう。

個々の問題（症状）について

①暴力・器物破損について

暴力の背景には精神障害が潜んでいる場合も少なくありませんが、家庭内暴力の事例とつきあっていると、多くの例では暴力が言葉の代わりであることに気づかされます。2〜3歳の言葉が未熟な子が、他の子どもに噛みついたり叩いたりするのと似たニュアンスです。言葉の発達が遅い子ども、豊かな感受性や敏感さゆえに理解や表現が追いつかない子どもなどが、さらに虐待を受けて育った子が、情緒的な言葉の表現に乏しく様々な感情の処理が拙劣であるがために、暴力に頼る傾向が強いと感じます。興奮している時にはなかなか話しを聞くことは困難ですが、落ち着いた時には暴力で何を伝えたかったのか言葉で表現させる手伝いが必要です。また、発達障害の子どもに見られる暴力は上記のような場合に加えて、刺激などから自分を守ろうとする結果である場合も認められます。周囲からの刺激や挑発を遠ざけようとしているのです。個室でしばらく過ごさせるなど、刺激の少ない環境を提供し、話しを聞くと良いでしょう。

暴力をふるっている時の子どもは基本的には苦しんでいる、つらくなっていると考えるべきです。暴れてしまうと「しまった、またやってしまった」とパニックになっていることも多いようです。それゆえ本来は止めてあげるべきですが、体が大きかったり止めるとさらにエスカレートしがちであったりして、なかなか止める判断がつかない場合も多いようです。止めるにしても止めないにしても迷わないことが大切です。その子どもに対して腫れ物に触るような雰囲気になってしまった時には外部に助言や援助を求めるべきです。

②まとわりつき

特に女子で顕著な傾向があり、職員のそばを離れず、職員をうんざりさせ、それを感じ取った子どもは不安になり一層まとわりつき、関係を悪化させることがあります。関係を構築する際に幼児の後追いのごとく重要であり、程度の差はありますがどの子にも必ず出現することであり、安心するとやがては適度になっていくものではあります。暴力と似たような表現の拙劣さ、不安、対人関係の経験不足などの背景が認められます。時間の枠を設定する、ダメな時はダメとはっきり伝える、他の児童も巻き込む、上手な甘え方（甘えられた側にとって受け入れやすい甘え方）について話し合う、などの工夫をして、受ける側の職員が余裕を持って接することが大切です。

③性的問題

思春期年齢で避けて通れない問題です。相手を尊重すること、性衝動を自分で処理することなど職員が自分の経験も踏まえて話し合うことで対応できる場合も少なくはないでしょう。しかし、性という文字が「心」と「生」で成り立っているように、性の問題にはその子の生育歴と、そこで育まれた情緒的な問題が色濃く影響します。性加害の子どもの中にはネグレクトなど養育環境が悲惨であった者がいますし、性被害に遭いやすい子の中には性虐待の被害児が含まれていることも少なくありません。親子関係など基本的な対人関係が十分育っていない例が多く、慎重で根気強い対応を要します。心理職や精神科医師なども関わり、背景の深さを探り出し、時には長期的な治療計画を組み立てる必要もあります。性教育を改めて行うことも必要でしょうし、最近ではプログラムに沿ったグループ療法や心理教育プログラムなどの治療的技法も知られるようになり、実践を始めた児童相談所や施設もあります。

④不登校

これまで何百人もの不登校の子どもに出会ってきましたが、怠けての不登校にこれまで出会ったことがありません。それゆえ不登校は学校へ「行かない」ではなく「行けない」状態に陥ったことを示すと考えます。実際不登校に至るまでに多くの子どもは様々な工夫を凝らして登校しようとした時期を持っています。拙劣な工夫であることも多く、その努力はことごとく失敗し、疲れ果て自信をなくし打ちひしがれていることが多いようです。そのため、まずは不登校に至るまでの努力が評価され、休息を取ることが大切です。不登校の理由を聞くことが責めることにならないよう配慮し、時には子どもの学校での様子や心情を想像し伝えてあげながら気持ちの整理を手伝うと良いでしょう。登校を促すことは必ずしも悪いことではありませんが、子どもの反応を見ながら、強制にならないように進めるべきです。一方で不登校の背景には、うつ状態や被害意識、強迫傾向など、精神科治療を要するものも含まれていることもあって、精神医学的な評価も早い段階で考えるべきです。

⑤いじめやからかい

複数の人間が生活を共にすれば、必ずいじめや支配関係が発生してしまいます。いじめをゼロにすることは不可能だと考えています。いじめは「必ずあるもの」と考えて注意を払うことが必要です。セクシャルハラスメントやパワーハラスメント同様、いじめか否かの判断はそれを受けた者がどう捉えるかで決まると考えるべきです。大人が裁判官のようにいじめであるか否かを決めるわけにはいきません。訴えには真摯に耳を傾けるべきで、訴えを決して無視してはいけません。

いじめられた者に対しては、自尊心を守ることが最大の目標になります。いじめについて話すことは勇気ある行為であることを子どもに伝えます。そしていじめられる側には原因がないことを伝え、あくまでも原因はいじめる側にあることを伝えます。「無視をすればよい」「やりかえせ」などと、相手によって効果も定かでない「助言」だけでごまかしてはいけません。いじめる側にとって、対象は誰でも良い場合が多いようです。いじめる側にはいじめをしたくなる何らかの背景があるようです。いらだちやストレスや時にはいじめの被害などが背景にあります。そのためただ単に「いじめはいけない」と伝えて制止するだけではなく、いじめる側の子どもからはそれらを聞き出す必要があります。いじめに対してはこの二つの対応を怠らなければ多くの子どもたちは乗り越えていけると思います。いじめられる子に被害的認知の傾向が強い場合やいじめる子に激しさや強迫傾向が認められる場合は医療も考慮します。

その他の具体的な対応について

子どもと接する時の態度や言葉など、大人が注意すべき事柄について考えます。はじめに、言葉や態度はできるだけわかりやすく、具体的であるべきです。電車に乗っていると、母親が子どもを叱りつけている姿をよく見かけます。「ちゃんとしなさい」「早くしなさい」「じっとしていなさい」など、具体的ではない注意の仕方のお手本を見ることができます。挨拶のように何気なく注意することはあってもよいとは思いますが、私たちも「しっかりしろ」「頑張れ」「良い子にしろ」などとあまりに抽象的な指示を出していることが多いようです。「部屋を片づけなさい」というだけではなくて、「本はそこにしまいなさい」「脱いだ服は洗濯機の前に置きなさい」など具体的に指示すべきでしょう。性的に奔放で人工流産など経験している子には、男性に気をつけるように注意するよりも、避妊の仕方を教え「避妊に協力しない男性は、あなたのことを大切にしていない」ことを伝えます。何を「ちゃんと」するのか具体的に示さなければ伝わらないと考えるべきです。

子どもに注意し説教する時には、「まず評価をプレゼントしてから」ということも大切な姿勢です。特に多動傾向や非行傾向の子どもたちは、普段から注意されることが多いためか聴覚刺激に弱いためか、怒られる時に耳を閉ざすことが上手です。「うるせんだよ」「うぜんだよ」とバリアーを張ってしまうこともあります。たとえば壁をぶち抜いてしまった時に、「普段小さい子に優しい子が今日はどうした」とまず評価できることを伝えることで、注意が入りやすくなります。この時の評価は、生活場面で見出した具体的なものであるべきで、とってつけたような空々しいものではいけません。

「聞くこと」と「責めること」が同時に行われていないかの吟味も必要です。不登校に陥った子どもに対して親は「どうして学校へ行かないのか」と聞きます。親はそれによって、理由を聞いたけれど答えてくれないと言います。一方で子どもは学校へ行けないことを責められたと感じています。悪さをした時、失敗した時、約束を破った時など、私たちはまずその行動の理由を聞き出そうとします。その時に感情的になっていては（もちろん関係が近いほど期待するほど一生懸命であるほど感情的になりますが）聞いたつもりが責めていると感じ取られてしまいます。

反省している気持ちを大人が台なしにしていないかということも考えてください。発達障害（特にＡＤＨＤなど）の子どもで同じ問題を何度も引き起こす子どもでも、十分に反省はします。反省をしている時に「本当に反省しているのか」などと追い打ちをかけて反発を生じさせてしまうことが多いように思われます。ある種のペナルティーを課して許す、反省の態度を示した段階で許すなど、叱られて許されることが基本です。特に虐待を受けてきた子どもにとっては叱られることが恐怖である場合もあります。初めのうちは同じことが何回も繰り返される可能性もありますが、許されてまた今まで通りの関係性が保てることのほうが有効であると思います。

子どもの世話をする時も、親とつきあう時にも、職員は自分の感情には常に注意を払う必要があります。色々な問題を起こされてうんざりしてしまう、かわいくて大事に扱いたくなる、場合によっては好きになるなど、人相手の仕事では、職員にも様々な感情が湧き起こります。虐待を受けて入所してきた子どもは、入所直前には親をうんざりさせていたこともあるかもしれません。するとその子どもは大人のうんざり感に対して敏感になっていて、うんざりした気持ちを感じ取ってしまい、不安が強まり、一層執拗になることもあるかもしれません。職員が子どもを好きなってしまうと、必要以上に抱え込んでしまい、必要以上のサービスをして相手の依存を強め、他の職員の介入を遠ざけてしまうかもしれません。うんざりした時には、少し距離を取り周囲の協力をえるように工夫しなければなりませんし、好きになった時には距離が近づきすぎないように周りの人に注意を払ってもらうべきです。子どもや親に対して安定した関係を維持していくためには、そういった注意も大切です。

精神科医療を必要とする場合

多少くり返しになってしまいますが、精神科医療を必要とするのはどのような時でしょうか。基本的には本人の症状や行動の問題から、本人が非常に苦しみ、時には自分を傷つけるなど危険が感じられる場合や、それらの問題から日常生活が著しく妨げられる場合（不登校や対人関係での孤立など）には考慮する必要があります。次に、その子を支える職員や周囲の子どもたちが支えきれない、周りの子どもたちの生活を著しく妨害されるなど、周囲の「著しい困り感」による判断もありえます。具体的には、るいそう（著しいやせ）や夜尿やけいれんなど身体的な管理を要する時はもちろんのこと、自傷行為や暴力、性的逸脱、その他反社会的行動が著しいなど衝動のコントロールが十分でない場合や、落ち着きのなさから学校などで居場所を失いつつある時、周囲の雰囲気など読めずトラブルが頻発する時など行動のコントロールが悪い場合も適応になります。妄想、持続するうつ気分、睡眠障害、強迫症状、強い不安など、明らかな症状が認められるときには早急に受診を勧めるべきでしょう。症状を持ち、苦しむ時間が長いほど治療に要する期間が長くなると考えられます。

つぎに、医療はどのような役割を担いうるのでしょうか。医療機関や主治医の能力や個性にもよりますが、外来治療で可能なことは、薬物の投与による症状の軽減、心理検査や精神科面接による子どもの評価と対応の注意点などの整理、学校など関係機関への状態や対応の説明などが考えられます。精神科領域で使用する薬（向精神薬）はいずれも根本的な治療に寄与するわけではなく、あくまでも対症療法にすぎません。それゆえ、薬に期待すべきことは症状の軽減ということです。衝動性をやわらげることでトラブルの頻度や程度を抑える、不安や緊張を弱めることで、落ち着きを取り戻す、睡眠を安定させることで生活リズムを保ち気分を安定させるなど、性格傾向や発達そのものを改善するわけではなく、症状のわずかな改善から悪循環を断ち切ることが期待されます。一方で、妄想やうつ気分、強迫症状（強いこだわり）、著しい不機嫌などの精神症状に対しては薬の効果が顕著であることが多いようです。いずれにしても、無駄にエネルギーを消費し問題を複雑にしてしまわないうちに早めに医療の力を借りることが大切です。

子どもは新たな環境に対して大きな不安を感じます。それが通院や入院となればなおさらです。何をされるかもわからず子どもが医療を怖がり抵抗することは当然で、むしろ健康的な反応ともいえます。それでも子どもを医療に向かわせるには、職員（親）の一致した態度が必要です。職員間（親）の意志の不一致に対して子どもは敏感であり、それは子どもの不安や恐怖を煽ってしまいます。児童相談所（精神科受診や薬の内服、特に入院には親の同意か市長同意などを要するため、児童相談所との協議や協力が必要である）とも十分に検討し、関わる職員が一致して説得すれば、子どもはそれに従うことが多いと思います。この時に十分な説明と動機づけがなされないと、退院後に子どもが入院させられたことを恨みがちになります。

精神科医療との連携のあり方

横浜市や神奈川県には、横浜市立大学医学部付属病院児童精神神経科、横浜市立大学付属市民総合医療センター児童精神科、神奈川県立子ども医療センター精神科と三箇所の子どもを専門とした精神科を有する総合病院があります。後の二病院には入院施設もあります。東海大学病院や北里大学にも児童精神医学を専門にした医師が所属しています。また、いくつかの他の総合病院の精神科病棟や単科の民間精神病院でも児童年齢の患者を受け入れてくれます。診療所についても、子どもの精神科を専門としてきた精神科医が何名か開業しており、児童精神科医療体制はわが国で最も恵まれているといえるかもしれません。50回（25年）以上の歴史を持つ神奈川県児童精神科医研究会（旧神奈川県児童精神科医懇話会）などを通じて、医師同士知り合い、良好な関係を保っています。

それでも医療機関に事例を紹介する時には様々な準備と配慮が求められます。まずは、多くの病院では未成年の受診にあたっては、保護者の同意を得ることを求められます。本来、精神科を受診して薬を飲むことは、一時保護中や施設措置中には、児童相談所長や施設長の同意で法的には可能なようです。それでも、精神科受診については「ウチの子どもを精神病扱いした」（秘密裡に進めようとしても子どもが受診を親に漏らしてしまうと考えたほうが良い）などと後で非難されることにもなりかねませんし、向精神薬の内服に至ってはさらにトラブルが生じる可能性が大です。精神科への入院は未成年の場合、特に小中学生では、任意入院は認められず、保護者の同意での入院すなわち医療保護入院の形態でないと、受け入れない病院も多いようです。市長同意（知事同意）があっても基本的には入院させない病院もあります。このことは事前に病院側に確認しておく必要があります。受診や入院の同意を親から得やすくするためには、日常の問題行動や精神症状をある程度親や祖父母などにそのつど伝えておくと良いでしょう。突然「受診させます」と伝えられた時に抵抗は特に大きいようです。

問題行動はSOS

筆者の経験から、子どもは親がもっとも大変な時にはなかなか症状や問題を出さず、親が安定してくると様々な症状を出してくることがあると感じます。施設において子どもが症状や問題行動を出し始めるのも同様のことと考えられます。その施設に根を張る覚悟ができてきた時に、安心できる環境や人が身近に確保できた時にSOSを発し、助けを求めるために症状や問題を出し始める傾向があるように思います。周囲をしっかり観察して、周囲の人に配慮する力はどんな子どもでもかなり持ち合わせているようです。

子どもは可塑性が高く、成長や発達の余地も大きいものがあります。発達のバランスがかなり悪い子どもでも、中学生や高校生のころにはバランスが改善し、自然にある程度の社会性や対人関係を作る術を身につけることもしばしば認められます。成人に比べて病的な状況にさらされていた期間も当然短いと考えられます。そのため治療の効果も成人に比べて大きく、地域や学校など快復後の居場所や援助者の確保もしやすいといえます。早期に関係者が集まり対応を協議し、必要に応じて医療の協力も確保すれば十分な改善が期待できるのです。

施設からの事例検討の依頼のタイミングがいつも遅いように感じられます。早目に関係者が集まり知恵を出し合うことが最も効果的なのですが、施設の職員が自分たちだけで懸命に対応を考え、改善の見えなさに時には職員が傷つき、子どもも重症化し傷ついてから相談に訪れます。その結果、子どもは安心して症状を出したはずが、措置変更という形で他の施設に追いやられてしまうことすらあります。家庭から見捨てられて今度は施設からも捨てられてしまうのです。その時の職員たちの強い拒否の背景には、前に触れたように、職員の無力感や敗北感から生じる後ろめたさもあるように感じられます。多くの子どもが様々に傷ついて施設にやってきます。その子どもたちの出す問題はSOSなのであって、職員の怠慢や対応の失敗によるものではないはずです。早期に外部に援助の手を広げ、治療を開始し、子どもが入院し退院した後も、安心して問題をだしたであろう施設にまた戻れるようであることを切に望みます。職員も早目にSOSを発することが大切です。

第二章　親への支援

――関わりの難しい家族をどう支えるか

1　関わりの難しい親や家族

医療現場では、基本的に患者たちは治療を求めて病院や医院にやってきます。「お願いします」と頭を垂れて医者の前に現れ、診療が終われば「ありがとうございました」とお礼を述べて帰ることがほとんどです。児童相談所でも自ら来所してそのようにしてくれる親もいますが、子ども虐待の事例が増すにつれて、相手の意思とは関係なく児童相談所の判断で介入し、時にその介入は警察的になることもあり、児童相談所の介入を快く思わない親が目につくようになっています。その結果、敵対関係に陥り、一言でも気に入らないことを言えば窓口で怒鳴り、執拗に電話をかけてきて、市長をはじめあちこちに抗議の電話をかけ手紙を書く人もいます。失言などしようものなら、いつまでもそれをネタに脅してきますし、上司に担当職員の処分を迫り、訴訟をちらつかせます。幸いにも横浜市では報告がまれですが、全国的には直接的な身体的暴力を受けた児童相談所の職員の例も少なからず耳にします。教育現場でよく言われるモンスターペアレントは児童相談所ではすでに珍しくはありません。区役所から配属されてきたある係長が、若い児童福祉司などがこれらの親にひとりで対応している姿を見て「区だったら係長や課長が対応するようなケースに、児童相談所は若いワーカーがひとりで対応しているのですね」と感心し驚いていました。

最近は（昔からいたのかもしれませんが）無責任極まりない親も目につきます。6人目の子どもが先天性疾患をもって産まれてきたときに、産院に「なかったことにしてください。殺してもらっていいですから、だから出産費用は払いません」と言い放ち、子どもにとって必要な手術の同意もしない親がいました。主張ばかりで、説得をしようとするこちら側が怒られているような面接になりました。また、私の勤務している児童相談所はすぐ近くに大学病院があるためか、最近は産み落とし（出産後出産費など支払わずに、子どもだけ置いて姿を消してしまう。住所などが虚偽・不明であると、発生地の児童相談所が担当する）も経験することが増えています。

精神障害があるにもかかわらず病識に乏しく、説得しても医療につながらず、周囲や子どもたちを振り回して状況が全く変化しない親もいますし、家族のほとんどが精神障害や知的障害を有していて、説明や指示に十分対応できない場合もあります。

関わりの難しい親には様々なタイプやパターンがありますが、この章では子ども虐待に関連した、精神障害について主に述べようと思います。

どのような場合に困難さを感じるか

先にも述べたように、理不尽な自己主張が多く攻撃的である、あまりにも無責任である場合はもちろんのこと、法的な知識を駆使する人、様々な人を巻き込んで操作し様々な角度から働きかけてくる人、精神障害による症状のためか、時によって相手によって別人のようにコロコロと態度や意見の変わる人、特に人格障害と言われる人、自分の人生や価値観に信念ともいえるような一方的で頑強な思いを持ち人の話に耳を傾けようとしない人、逆に何ごとも決められずにいつまでも結論を出せない人など、現場で親などに対応していて困難さを感じる対象は多様です。

また、子どもの存在が生きることの意味の全てと思えるような親に対しても困難を感じます。子どもをがんじがらめに縛ってしまい、子どもにとっては不適切な養育環境であり分離が必要と判断されても、子どもを決して手元から離そうとしません。自分のことは大切に思えないためか、自殺や親子心中をほのめかしたりもします。一見愛情深い、子どもへの思いのある親に見えますが、子どもに頼って生きている典型なのかもしれません。

初期対応の影響で関わりが困難になる場合もあります。虐待通報後48時間以内の子どもの安否確認が望ましいとの厚生労働省通達があり、通報を受けると十分な情報が得られないままに直接介入を始めなければならない場合もあります。相手がどのような生活環境なのか、虐待と実際に判断できるのか、どのような言葉に反応しやすい人なのか、暴力的な人ではないのか、など十分把握できずに虐待の告知を行うことがあります。突然児童相談所の職員が現れて虐待の疑いをかけられていることを知ること自体が、相手を防衛的にし、反感を買うことでしょう。それゆえ、少しでも高圧的な態度や不適切な言葉だと感じられてしまうと、相手は防衛的・攻撃的になってしまいます。そこから支援のための関係作りが始まるとすれば、関わりが困難になるのは当然でしょう。

家族全員に知的障害や精神障害（特に統合失調症）がある場合も大変です。家族全員が親族も含めて理解力が低く、ひとりとして中心になってものごとを理解し解決できる者が見当たらず、一つひとつに具体的な援助が必要になります。長くその状況にさらされていると健康的な子どもも巻き込まれますし、子どもの保護や入院が必要と判断されても、それを決意し同意してくれる家族もおらず、いたずらに時間ばかりが経過して問題を大きくしてしまう場合もあります。

毎回電話だけの相談で決して来所しない事例もあります。切迫していないためと捉えることができる場合もありますが、時には精神状態などが著しく悪く外出もままならない場合や、依存的でこちらからの手取り足取りの関与をひたすら待っている場合などもあります。まずは来所を一度は促して感触を確かめた後に、重篤な事例と判断した場合はこちらから動かざるをえません。

一方で、同じ親に対して、ある職員はその親を忌み嫌い、ある職員はその親をかわいいと思えるなどという事態も発生します。困難さには、職員の力量、親と職員との相性、職員自身の生育歴や生活歴に潜む経験から生じると思われる許容範囲や価値観など、職員の側の要素も「困難さ」には大きく影響するようです。また、職員も自分の生活を持っています。恋愛・失恋や結婚・離婚、自分の子どもの様々な出来事、親や家族との関係などの私的な状況や関係性の問題やトラブル、日々の疲れやストレスなどによって余裕を失ってしまうこともあります。そんな時には、日ごろは耐えられることも耐えられなくなってしまいます。困難さを感じるのは、ある意味で職員個人の問題であるとも捉えることができます。

その意味で、人と関わる職員は、自分の日々の体調や気分、自分の生い立ちや価値観、何ゆえ自分は今の仕事を選んだかなどの自分の歴史、自分の弱さや陥りがちな傾向、苦手な場面や対象など、自らを知る努力を怠らないことが必要です。筆者が若いころ、尊敬するふたりの精神科医から「精神科医は幸せでなくてはいけない」「精神科医は余裕がなくてはいけない」と別々に同じような助言をいただいたことを思い出します。

関わる時の基本

児童精神科医をしていて、様々な子どもや親に出会い、散々振り回され、わがままを言われても、常に二つのことが頭の中にあり、比較的冷静さを保っていられたと思っています。一つは「結局は助け（治療）を求めて来ている親子である」という思いであり、もう一つは「侮ってはいけないいけれど、しょせんは子どもなんだ」ということです。さらに「できるだけ客観的であろう」とする姿勢も大切です。

どんなに攻撃的になり、介入を拒否して、敵対してしまっても、家族の抱えている問題を聞き出そうとすると、なにかしらその家族が困っていること、家庭が機能していないことなどの糸口が見えてきて、関わりと時間の経過と共に、多くの場合は徐々にそれらをオープンに聞き出すことができるようになります。全ての事例がそうなるわけではありませんが、冷静に振り返ってみると、当初敵対関係に陥っても、徐々に関係ができて、やがてある程度良好な経過を辿る事例のほうが圧倒的に多いことがわかります。大学病院に勤めていたころ、苦情の処理の仕方の講義がありました。まず相手の話を90分聞くようにすると、相手は多くの場合攻撃を弱めるということを学びました。いのちの電話などで「傾聴する」ということを最初に指導されるそうですが、共通するものがあるように思います。

誰しも話を聞いてもらうことは求めています。その時にいたずらに自分の価値観や意見を挟まない（特に説教しない）態度は大切です。そして、この間に、相手が困っていること・うまくいっていないことは何か、その結果求めていることは何かと探ります。時に主訴はその人が最も困って援助や解決を望んでいることではない場合もあります。直接的に困ったことを訴えることが下手な人はたくさんいます。たとえば、子どもの不登校を主訴に来院して、しばらく話を聞いていたら、母親が実は夫婦関係や実家との関係にとまどっていた、などという経験は誰もがしたことがあると思います。常に話をまず聞き、その中から丁寧に情報を集める姿勢が必要です。

また、子どもがどんなに突っ張っていようが、やはり経験も正しい情報も少なく、右往左往していて、手助けを求めていても大人を信じて良いのか葛藤して、その結果そのような態度をとっていると考えるべきです。不登校の子どもにつきあっていると、不登校状態で中学校を卒業できるのか、どのような高校ならば進学できるのかなど、インターネットがこれだけはびこっている今も、十分な情報を持っていないことに気づかされます。様々な問題に対する解決策も狭いものしか考えつかないようです。学校から出席停止を命じられるような、悪さばかりしている子どもが、生活を「少し」改善しようと思い始めたころ、夜中に悪友達から遊びに誘われた時に断ろうと思い、親に止められることを期待して自宅に電話したところ、父親が電話に出て「あーそうか」で電話を切られてしまいました。翌日外来で主治医に「オレは止めて欲しかったんだ」と怒って訴えていました。親が自分の行動の枠になって欲しかったのでしょうが、見事に裏切られてしまいました。それを境にまた、夜遊びがエスカレートしていきました。普段は何も反省せず考えてもいないような子どもが、親や大人に対してそういう欲求を時々向けてきます。「やっぱりたかが子どもだ」という視点を持っていないと、こういった機会を逃してしまいがちになります。長く関わっていると、突っ張ってはいたけれど実は関わりや手助けを求めていたのだなと、最終的には実感できる関係が築けることを、多くの治療者は経験していると思います。

常に客観的であろう、背景を知ろうとする態度も大切です。不測の事態が発生した時に、パニックに陥り頭が真っ白になってしまうという職員の訴えを聞くことがあります。たとえば、面接中に突然子どもが「死んでやる」と面接室を飛び出してしまったことがありました。追いかけて後ろから抱きとめながら、面接中に話した内容を思い返して、どの言葉や態度に反応したのかと考えている自分に気づきます。目の前で本棚を崩し、窓ガラスを割っている子どもを眺めながら、この痛々しさはどこからくるのだろうと考えています。まずは背景や原因を知ろうと考える姿勢は冷静さを保つために必要だと思います。

情報は「転ばぬ先の杖」になることがあります。自分たちが関わる前に学校や病院などで何らかのトラブルを起こし、さらに訴訟を起こすと叫んでおどすなどの情報が入ったとしたら、同様のトラブルが次に関わる人に降りかかる可能性があると考えるべきです。何が原因でトラブルが発生したのか、そのトラブルを大きくした要因は何か、どのような言葉や態度に反応してしまうのかなどを知っておくことは大いに意味があります。「医者は、後から診る医者ほど名医になれる」という言葉を聞いたことがありますが、トラブルの情報はトラブル回避のためには最も重要な情報になると考えられます。

もう一つ、関わりが難しい親に対応している時、その親に振り回されてしまい、子どもの存在や子どもへの影響を忘れがちになり、子どもへの対応が後手に回ってしまいがちであることにも注意が必要です。分離中の子どもへの面会も、子どもの都合に合わせることを優先することが大切で、親の予定だけ確認して行われることがあってはいけません。または親の強引で執拗な面会要求に屈して、子どもが面会を躊躇しているにもかかわらず、強行してしまうようなことも避けなくてはなりません。最も傷つくのは子どもですから、子ども中心に考えることを心がける必要があります。緊急性の高い虐待の告知など、時間をかけられない場合も少なくありませんが、基本的にはこれらの視点を常に自分に言い聞かせて臨むべきです。

2　子ども虐待の背景としての家庭や状況

筆者が子ども虐待に初めて触れたのは、大学を卒業して小児科のレジデント（研修医）として働いていた、20年以上前のことです。ひとりは、ひどい身体的虐待を受けていた3歳の女の子で、身長・体重が1歳1カ月相当で、入院当初発する言葉は「ばか」「痛い」「あっち行け」の3語（文）だけでした。もうひとりはやはり低身長を主訴に入院してきた8歳の女の子で、統合失調症の母親と、カーテンを閉め切り、ほとんど外出することもなくふたりだけで暮らしていました。学籍もありませんでした。当時被虐待児症候群という診断名は小児科医の間でも十分認知されておらず、外国での出来事であり、本邦では非常にまれなことというふうに理解されており、指導医が小児科の雑誌に論文報告をした事例でした。ネグレクトや心理的虐待がいまだ一般に周知された事態ではなかったため、当時は虐待と言えば重篤な身体的虐待が主で、骨折を繰り返しながら発見されずに治療も受けなかったため、足がつけ根から真横についてしまった子どもも外科病棟に入院していました。駆け出しの小児科医にとっては、何が起きているのかわからず、自分の子どもに危害を加える母親の存在も信じがたく、特別な鬼のような悪人なのだろうと考えていました。その後精神科医として、いくつかの総合病院で勤務している時にも、虐待事例に出会うことはありましたが、最初のこういった印象のためか、または人は理解しがたいものを避けようとするためか、虐待の視点は持てず、症状は虐待の結果として表れたとは考えず、児童相談所と連携するなど考えもしませんでした。また、明らかな虐待事例に出会うと、後輩に押しつけて診察を避けることすらありました。

そんな自分が児童相談所に勤務するようになると、初日から子ども虐待の事例の面接を職員から依頼されました。さらに、虐待ママさんたち（今は親しみを込めて、このように呼ぶことすらあります）のグループ治療の助言者として参加することがさっそく決まっていました。毎日毎日虐待をした（母）親と会い、虐待を受けた子どもと会うことになりました。そこでは、それまでの虐待者のイメージとは異なった親の姿がありました。そんな仕事をするうちに気づかされたことなどについてこの節では述べていきます。

子ども虐待の定義

虐待の定義はいまだに極めて曖昧です。わが国では、子ども虐待の防止等に関する法律（平成12年）において、子ども虐待は身体的虐待、心理的虐待、性的虐待、ネグレクト（養育放棄）の四つに分類され、各々の定義が明記されました。それでも定義の曖昧さがなくなったわけではありません。身体的虐待では「身体に外傷が生じ、または生じる恐れのある暴行を加えること」を虐待としていますが、体罰を禁止しているわけではなく、「しつけのため」の体罰と虐待との境界線を曖昧にしてしまっています。川崎市が数年前に自治体として唯一体罰禁止条例を制定しましたが、全国的な拡がりを見せるには至っていません。デンマークを除く北欧諸国においては、体罰を法律で禁止しており、虐待の定義はかなり明確なものになっています。

心理的虐待は「児童に対する著しい暴言、または著しい拒絶的対応」と家庭内のＤＶの存在と定義されていますが、「著しい」と「著しくない」の境界線は曖昧です。性的虐待も同様で「児童に猥褻な行為をすること、またはさせること」とあり、何をもって猥褻とするかは明記されておらず、なにやら芸術かポルノかという議論に近い検討が必要になりそうです。ネグレクトも「長時間の放置と看護の怠慢」という言葉で表されており、ここでもどの程度を「長い」とするか、「怠慢」とは何かといった同様の不明瞭さを残しています。

このように虐待について法律で定義されたにも関わらず、明確化されたとは言いがたいと感じますが、いずれの虐待も子どもへの身体的・心理的影響の大きさが、虐待認定の根拠にされるべきだと思います。

虐待の文化的・社会的背景

女性の就労など社会進出が進み、行政も男女共同参画を推し進める施策を打ち出し、一見男女の立場が平等になりつつあるように見えます。しかし、児童相談所で様々な家族に触れていると、日本という国には、言葉自体は死語になりつつありますが、まだまだ「男尊女卑」の思想が蔓延《はびこ》っているように思えます。家事の細部に文句を言う夫、子育ては全て女性の責任と言って憚らない父親や親族、またそれを渋々受け入れ、問題があると自分を責めてしまう妻、母性至上主義とでも言うべきか、女性のそういった立場を当然として、子どもが問題行動を起こせば、それは母親の育て方が悪いからと、追い立てるように責める父親や舅姑や社会という構造を繰り返し見せられます。では、それに抗して離婚して、仕事をしながら母親がひとりで子どもを育てるには、社会はまだ未整備で女性に厳しい面があり、生活していく力も機会も女性に対して十分与えられているとは言えません。問題が発生している家庭にのみ介入しているためもあるかもしれませんが、そんな前時代的な考え方に縛られ、女性がその背に家事や子育ての負担をひとり背負わされているかのごとき事例が珍しくありません。

子どもを喜んで育てることは当たり前のこと、という考え方もいまだに残っているように思います。なんらかの障害をもって子どもが産まれてきた時にも、親は子どもの発達を促すべくできる限りの努力をすべきだと基本的には考えている人が多いのではないでしょうか。自分が出会う親たちは確かにそういった意欲や意思をもっている方が多いように思います。しかし、その思いはあってもそれができないことがある、単にネグレクトや虐待と責めるのではなくて、その思いを実現できない背景や状況があると考えることが必要です。

社会が豊かになり、少子化も進み、自分や家族が手に入れられる物が格段に増えています。必要な物を買い与え、習い事や塾に通わせそれにつき添います。デパートでショッピングをして、レストランで誕生日を祝うこともあるでしょう。時には海外旅行にも出かけます。それは一方で格差の広がりが顕著に現れる部分でもあるようです。生活保護を受け、これでもかと節約している人、生活費を稼ぐために夜も昼も掛け持ちでパート勤務をする人、年寄りの介護を任されて家事も子育ても奮闘している人もいます。子どもにかけられる時間も労力もお金も大きく差がついてきています。結果として、それらをかけられない親はネグレクトとして糾弾されるようなこともありえます。また、格差が広がると言うことは、自分の置かれている境遇を他の人のそれと比較する機会も増えているともいえます。ある「虐待ママさん」は、「私だって一度くらい高島屋の買い物袋を両手に抱えて家に帰ってみたい」と、ショッピング帰りの主婦を見ると羨ましいと思ってしまう自分の心情を語ってくれました。

便利さも格段に進歩しています。洗濯も炊飯もほとんどそばについている必要もなく済んでしまいます。どこへ行くにも交通機関が整備されて用事もすぐに済ませることができ、買い物も一軒のスーパーへ行けば必要な物をほとんど揃えることができます。親が年を取れば老人施設に預けて、自分たち家族のペースを決して変えずにいる家庭もあります。そうやってできた時間を子育てに向けて、べったりと子どもに張りついている母親も多いことと思います。子育ての質も生活の質も変化してきていると言っても過言ではないと思います。そういった社会ではこれまで虐待とは考えられなかった放任主義的な子育てをネグレクトとして際だたせているかもしれません。

インターネットや携帯電話は、情報収集やコミュニケーションの形を変えました。情報は溢れんばかりに手に入り、自由な時間にコミュニケーションが瞬時にできることから、それらの道具は多くのひとを虜《とりこ》にしています。子どもに背を向けてネットオークションに熱中し、バギーを片手で押しながらもう一方の手でケータイメールを押している母親をよく見かけます（これをケータイネグレクトと呼びたい）。スキーに行けば託児所が整備されて、子どもの心配もせずに夫婦で楽しむことができます。社会が便利になるということは、必ずしも子どもに時間をかけることになるわけではなく、自分のために時間を使い、子どもに背を向ける誘惑に満ちているともいえるように思います。

虐待発生の背景には、個人が置かれている環境要因や心理的要因だけではなく、このように社会的・文化的な背景も存在しているといえます。

子どもの虹情報研修センター長の小林登先生は、２００３年のセンターの紀要の中で、ヒトが生来持つ攻撃性と虐待の関連について書かれています。遺伝子によって決定されている、すなわち産まれ持ったニューロンのネットワークシステムと、それを動かすプログラムによってヒトの胎児・新生児期の行動は規定されている。しかし乳幼児期は脳の可塑性が強いため、ニューロンのネットワークシステムはその配線図を変えていくことが可能であると言います。その後の経験や育てられ方によって基本的信頼や心の形成が成されていき、その時に「優しさ」が重要な働きをしていると言います。一方で、攻撃性は遺伝的にプログラムされている、本来本能的な行動のパターンの一つであるとの意見も引用しています。さらに、動物行動学の視点から、攻撃のパターンを、縄張りをめぐる攻撃、順位を決める攻撃、性的な攻撃、親のしつけとしての攻撃、離乳をめぐる攻撃、などに分類した文献を引用して、子ども虐待は母性を含めた養育の裏にあるプログラムかもしれないと結論づけています。一方で大脳の前頭葉には、それらをコントロールする仕組みがあることも明らかにされており、攻撃性も子育てによって乳幼児期にコントロールされていくと考えられるとしています。ヒトが脳の機能によって考え、行動することを考えれば、このような生物としての人間という視点も考慮すべきかもしれません。

虐待発生の心理

グループ治療をしている時に、ある母親は、「虐待をしているなんてことは誰にも話せなくて、夫も姑もたぶん気づいていたけれど何も言えないでいて、だから相談することもできなくて、ある集会に出て少しだけ話をしたら、お年寄りが、子どもも大変だけどあなたも大変なのねと言ってくれて、初めて人の前で泣いて、児童相談所を紹介されて、ここへ来て、そしてここで話ができています」と語ってくれました。またある母親は「つらくて誰かにぶつけたいけれど、ダンナに八つ当たりしたら嫌われるかもしれないし、離婚されちゃうかもしれない。でも、子どもだったら、自分の子どもだから大丈夫と思えるんです」と語り、この時にはグループに参加していた他の6人全員が頷いていました。さらに別な母親は「良い母親でいたいと思うけれど、それができなくて、焦ってイライラして、気づいたら子どもを叩いていて、そうすると頭が真っ白になってしまって夢中で子どもを叩いてしまって、気づいたら子どもが泣いていて、しまったと思ってごめんなさい、ごめんなさいと言って子どもを抱きしめる。そんなことを繰り返しています」と語ってくれました。そこには鬼のような母親ではなくて、当たり前に良き母親になろうとしてかなわず、孤立し余裕を失い、思うようにいかずもがき苦しんでいる、むしろ懸命で弱々しい母親の姿が見られます。

多くの母親と面接をするうちに、母親たちのこういった話などから、虐待発生にはいくつかの共通した構造があるように思えるようになりました。全ての事例には「余裕のなさ」と「孤立」が認められます。以下の心理的状況や問題は「余裕のなさ」や「孤立」を生み出す代表的な構造であり、結果としてそれらを顕著にしている構造でもあります。

①加害者であり、被害者であるということ

子ども虐待は、まだ幼く抵抗することも逃げることもできない子どもに対して、それを真っ先に守り慰めるべきと期待された親が加える著しい加害行為で、究極の人権侵害と捉えられます。普通に考えれば、虐待をする親は明らかに加害者であり、子どもは被害者であると考えられます。しかし、丁寧にその親子の生育歴や生活状況を聞き取ると、虐待をする母親は、例外なく皆が被害者のような状況に追い込まれていることに気づかされます。たとえば、夫は帰りが遅く、帰ってきても自分の部屋にこもってコンピューターゲームに夢中になり、話も聞いてくれず、掃除や片づけにはうるさく、それがきちんとできていないと、グズ、役立たずなどと毎日ののしられる母親がいました。赤ちゃんが泣くと同居していた姑が飛んできて、やれ抱き方が下手だ、泣かせたらかわいそうだといって赤ちゃんを取り上げてしまい、夫もそれに同調するだけという事例もありました。子どもを妊娠したら夫が浮気をし、それを知って実家へ逃げ帰ると、そこには認知症の祖父がいて、夜中に（朝だから）窓を開けろと枕元で叫び、眠れなくなり家に戻ると夫はいなくて、タオルを巻いてほ乳瓶を立てて赤ちゃんにミルクを飲ませ、自分は部屋の隅でそれを見ながらどうして良いかわからず泣いていました、と涙ながらに語ってくれる母親もいました。現在の状況だけではなく、過去に激しい虐待を受けていた母親、自分の母親が結婚離婚を繰り返して、その度に養育環境が大きく変わる子ども時代を余儀なくされた母親など、過去から現在に至るまでずっと安定しているとは言いがたい生活を送ってきた人にもよく出会います。このように、加害者であるとされる母親が、実は一方で被害者のような立場に置かれていると考えられる事例が多く存在するように思います。

②子どもを使ったSOSであるということ

児童精神科医として多くの患者たち（子どもたち）を診ていると、子どもたちが示す症状が、うまく機能しない苦しい環境や背景を表現するための手段であるかのように感じられることがまれではありません。同級生にいじめられて学校へ行きづらくなった子どもは数多くいます。多世代家族の中で母親が孤立し、不安な毎日を過ごしている時に、母親を心配して、あるいは姑から母親を守るために、家から離れられず不登校に陥っていると考えられる子どもにも出会いました。現実生活の苦悩から逃れるかのごとく引きこもり、強迫症状に身を委ねている事例もありました。そういった事例の症状について考える時、症状は置かれた環境や背景に対する表現手段であるかのように思えることがあります。

子ども虐待においても同じような意味合いを感じます。前に述べたように、環境や様々な要因を背景に持ち、被害者のような立場や気分に追い込まれた母親たちが、子どもを虐待することでその状況を訴え、表現しているように考えられます。それ以外の表現方法や解決方法を持ちえないでいるとも言えます。その意味では能力の問題とも言えるかもしれませんが、そもそも人は追いつめられるほど考えが狭くなり、解決から遠ざかってしまう傾向があります。考える余裕を失い、相談する相手もいない状態に追い込まれ、虐待という歪んだ不器用な形でしかSOSを発信できないでいると理解することが可能ではないでしょうか。

虐待の初期対応において児童相談所と敵対してしまう親は珍しくありません。親族一同が出てきて「人さらい」「拉致だ」と職員をののしり、挙げ句の果てには「児童相談所の対応で傷ついたから訴えてやる」と言い出します。そんな親も、支援をすることが児童相談所の介入目的であると徐々に理解してくると、やがて良好な関係を作ることができます。もともとSOSを発して助けを求めている人たちであるからこそ、そういった展開になっていくものと考えられます。

③悪循環の病理

「良い母親でいたい」と述べた例を前に示しました。またある統合失調症の母親は家庭訪問をする度に「私は愛情が足りなくないでしょうか」と尋ねてきます。児童相談所で出会う多くの母親は、特に自ら虐待を訴えて児童相談所にやってくる母親は「良い母親になりたい」あるいは「良い母親であらねばならない」と願っているようです。ところが、環境や能力などの問題もあり、なかなか現実は思い通りになりません。元々自信のない方も多く、話を聞いていて「普通に」できている事柄についても「普通の親ならば」「普通の人ならば」という言い回しで自分の至らなさを訴える親に頻回に出会います。自信を失い自分を責めると、なおさら子育てがうまくできなくなってしまうのでしょう。子どもも虐待を受け続けていると、叱られた時に固まってしまい、親の顔色を伺うようになります。そのことで親は自分のした虐待という行為に対して一層罪悪感を抱くようになります。悪循環に陥ってしまうということです。

「子どもは自分の子どもだから大丈夫」とある母親が述べたように、虐待者と虐待を受けている子どもとの（心理的）距離が非常に近いと感じられることもよくあります。悪循環に陥った母親が自分を責めるかのごとく、または自分を責め続けて自分を否定し尽くしてしまわないように（自分を否定し尽くしてしまえば自分を傷つけ、死ぬ以外なくなってしまいます）、自分に最も近い存在である我が子を傷つけているかのように感じられます。そんな自分をさらに責めれば、虐待がさらにエスカレートしてしまいます。時に子どもを叩き続ける母親が、その間は「頭が真っ白になってしまう」と述べることがありますが、まさに悪循環に陥っている状況だと思います。そして子どもにすれば、距離が近く巻き込まれているがゆえに、愛憎半ばする葛藤を抱かざるをえないかもしれません。

④依存症心性

依存症の発生には生物学的な背景も無視できないことではありますが、人は現実から逃れようとする時に依存に陥ることがあります。そのため、虐待発生の背景の厳しさを考えた時に、当然虐待者が依存症的な傾向に陥ることがありえると考える必要があります。実際に虐待者にアルコール依存やパチンコ依存、異性依存などの依存性障害やそれに近い状態にあると捉えることのできる人が多いことも報告されています。生きるために子どもや家族に頼っているともいえますが、その頼り方はあまりに拙劣で、子どもや家族に様々な影響を与えてしまいます。

依存症心性の強い親は、子どもを分離すると（自ら分離を望んだ場合も）、虐待をして自分をかろうじて保っていたためか、子どもにすぐに会わせろ、子どもをすぐに返せと言ってきます。まるでアルコールが切れた依存症患者のように見えることもあります。

私たちの調査で、一時保護所から家庭復帰をさせた事例のうち、半年以内に虐待再発生のために一時保護所に戻ってきてしまう事例では、親（虐待者）の特徴の一つとして「強引な面会や引き取り要求」をしてくる傾向があることが判明しました。親に愛情があるからとも考えることは可能かもしれませんが、それ以上に、子どもの存在が親を支えていることが窺えます。その意味ではやはり虐待を受けている子どもが実は親（虐待者）と最も情緒的な距離が近いということもありえます。実際その指摘に対して「そうかもしれません」と答えてくれた親も何人かいます。アルコールを嗜むことは時に健康にも良いことかもしれませんが、度を超えれば依存症になってしまいます。子どもを支えに生きること自体は健全な親子関係とも言えるでしょうが、それが度を超せば虐待ということになりかねません。その意味でも依存症と子ども虐待は近縁のものと考えられます。また、ネグレクトの場合においては、子どもがその対象にも選ばれなかったということでもあり、親子の関係性の希薄さが他の虐待に比べて顕著であり、子どもへの影響が一層大きいであろうと想像されます。

⑤精神障害

虐待者に精神障害者が多いことも事実です。数多くの報告があり、虐待者に占める精神障害者の比率は自分の知る限りで、数パーセントから50%以上まであります。横浜市や川崎市の統計によると、診断根拠の曖昧さは否めませんが、例年30%程度で推移しており、このあたりの数値が現場の感覚に近いと思います。診断的には気分障害が最も多く、統合失調症、人格障害、不安障害、知能障害、依存症、強迫性障害、摂食障害などがそれに続いています。

うつ状態の人がその症状ゆえに家事・育児が滞るようになり、結果としてネグレクト状態になってしまうように、症状そのものが虐待の原因になることもあります。一方で統合失調症の人が妄想で苦しみ、気分障害の人がイライラや意欲の低下に苦しみ、そのために余裕を持てず追い込まれ虐待をしてしまうこともありえるでしょう。病院通いは経済的にも肉体的にも負担が大きく生活の余裕を奪うことでもあります。あるいは症状ゆえに家族や他人が近づけず、あるいは他人に不信感を抱けば孤立してしまうことも十分に考えられて、虐待のリスクは高まってしまいます。

⑥その他

世代間伝達という考え方があります。虐待する親自身が自分の親に虐待され、複雑な親子関係や環境にさらされ、その親子関係や対人関係のあり様が、自分の子どもとの関係に色濃く反映してしまいます。もちろん親自身が虐待されたという「事実」は十分吟味されなくてはいけませんが、虐待をされていたとは言えないまでも、親子の関係に大きな葛藤を有している事例は少なくありません。

たとえば、再婚相手の家庭に入り、異母（異父）きょうだいもいて、自分の連れていった子どもがかわいがられず、悪戯などをした時に、自分が叱らなければその家にいられないと考えて虐待に発展したように捉えることのできる事例にも出会います。再婚後の家庭や家族になんとか適応するために、そこで自分たち親子がなんとか生活していけるように、必要以上に子どもの行動を律しようとするかのようです。内縁関係の家庭などで、母親が内縁関係の男性を失いたくないがために子どもを犠牲にしているように見える事例でも、実は生きていくために、うまく適応するためにもがいている姿であると捉えることも可能かもしれません。

父親（男性）による虐待と虐待の背景にいる男性

ここまで主に母親の虐待について述べてきましたが、父親（男性）の虐待の背景にも当然同様の要素が認められます。ただし、家庭生活での葛藤に加えて、社会の中でのストレスなどが色濃く影響を及ぼしていることも多いようです。同期入社組はひとり残らず課長以上になり、自分だけが平社員で同期入社の上司や年下の上司から命令をされる日々を過ごしている父親、妻の父親が経営して妻が重役をしている会社の平社員の父親、接待で飲酒し放題の営業職を解かれ知人もいない倉庫管理に配転された父親など、筆者が継続して関わった父親たちは、社会の中で大きなストレスを抱えて押しつぶされそうになっている人たちでした。また、性生活を含み、家庭の中で主導権を妻に握られている様子も認められました。

養父や継父の虐待については（養母や継母でも同様の傾向はあるが）、あたかも子どもを排除する意図があるのではないか、手に入れたかったのは妻だけであり、妻の連れてきた子どもは不要だったのではないかと感じてしまうこともありました。そのためか自分の実子が産まれた後は虐待が一層ひどくなることもあります。子どもに身体的虐待を加えていたある養父は「突然あんな大きな子どもの父親になって、それを養ってやって、大変なのを解ってくれるでしょ」とその心情を吐露してくれました。「具体的にどうしたら良いか指示してください。その通りにはしますから」と愛情をかけるつもりは毛頭ないと開き直っているかのような表現をする父親もいました。

結果的に虐待になってしまう事例も実父・養父ともに多数認められます。父親が厳しい、あるいは養育環境が不安定な家庭に育ち、早くから自立せざるをえない環境の中で、必死に頑張って生きてきて、家族にもそれを求めるような場合が代表的です。妻が同様の生き方ができず、だらしなさや甘えを見せることを許容できず、責めることがあります。子どもに対しても、それが幼児であっても、行儀正しい食事やきちんとした片づけなどを求め、それができないと激しい叱責や体罰（虐待）に及びます。小学校にも入っていない年齢の子に対して、何時間も正座をさせて説教していた父親もいました。父親と子どもでは育っている時代も異なり、能力や性格なども異なっています。父親が耐えて頑張れたことを子どもも同じように耐えて乗り越えられるとは限りません。父親自身が緊張を緩めることのない生活を送り、あるいは狭い価値観や生活パターンで生活を送り、あるいは厳しい枠の中で生活を送っている中に家族を巻き込んでしまっています。

厚生労働省や横浜市の統計によると、虐待を直接行うのは例年実母が約70%を占めます。しかし、実母を虐待に追いやっていると思われる父親や男性は、直接手を出していなくても本来虐待者と考えるべきかもしれません。あるいは多少表現を変えるならば虐待教唆とでも言えるかもしれません。そんな男性には様々なタイプがあるように思えます。父親（男性）への介入は今後一層強化すべき課題と思われますので、あえて極論であると意識しつつも思いつくままに挙げてみます。

妊娠を知ると姿を消してしまい認知も送金もしない無責任な男性、家事や育児はほとんど手伝わない亭主関白気取りの男性がいます。アルコールや薬物、ギャンブルや異性に手を出し仕事もしない男性、DVによって妻を支配し縛ろうとする未熟な依存症心性を有した男性もいます。家庭内ではゲームやインターネットにほとんどの時間を費やし、TVや新聞にばかり視線を向けて話も愚痴も聞いてくれない、対人関係に無関心な男性も妻の心を不安定にしがちです。惰眠を貪るばかりの人も、車など趣味に極端に走ってしまう人も同類かもしれません。自らの几帳面さや不潔恐怖などの強迫傾向を押しつけてくる男性も妻の負担を大きくし、時に恐怖感すら抱かせることがあります。

直接子どもに手を出さなくても、こういった男性の生活態度そのものが子どもに対しても母親に対してもネグレクトであるとも言えますし、母親を孤立させて虐待の発生を促しているとも考えられます。夫が妻からの暴力でたびたび傷だらけになって児童相談所に相談に現れるなど、もちろん夫婦で立場が逆の事例もまれにはあります。いずれにしても、直接虐待行為を行っている人の背景には、それを促している「共犯者」ともいえるパートナーや親族などが存在していることも見落としてはなりません。

男性に対してはつい厳しい口調になってしまいました。もちろん様々ではありますが、父親（男性）は仕事などを口実になかなか登場してくれないことがあります。「しつけ」と開き直ることも多いように感じます。それゆえの厳しい口調かもしれません。または「男の敵は男」「女の敵は女」といわれるように、同性である男性に対する厳しさもあるのかもしれません。そのことは加味して考えていただけることを期待します。

3　支援の方向性

「精神療法は出会いの時から始まっている」とある先輩医師から教わりました。確かに初診の時、患者さんやその家族、特に子どもたちは面接をする医師に対して無遠慮に時には遠慮がちに鋭い一瞥を投げかけてきます。初対面の緊張と、何をされるかわからない不安もあり、相手がどんな医者で何を考えているか無意識に探ってしまうのでしょう。患者さんはいつでも治療者が向ける視線の意味を懸命に汲み取ろうとしています。同じように、虐待をしている親は、自分にどのような視線が向けられるかということに神経を尖らせています。虐待事例に向けられる視線は自ずと厳しいものになりがちでしょうから、前節で述べた背景や虐待の原因等を理解しなければならない意味はここにあります。

児童相談所の職員はいわゆる「持ち出し」が多いように見受けられます。急いでいる時のタクシー代はもちろん公費では出ません。児童福祉司が、保護期間が長くなった子どもを連れ出して何か食べさせている姿をよく見かけます。誕生日にはプレゼントを買って家庭訪問に出かけます。卒業式に着る服を保護者が用意しようとしないため一緒に出かけて買ってあげることもあります。誰かに命じられたわけではないでしょうが、時間や労力だけではなく、身銭まで切って、子どもたちに何かをしてあげようとします。そんな姿勢が関係を築こうとする時には大切なことなのかもしれません。

そういった姿は胸を打つものがありますが、人を支援する際に「支援しすぎ」は相手をダメにすることにもなりかねませんし、必要以上に巻き込まれて支援者を疲弊させてしまう原因にもなります。なかなか自立できず、自分で物事を決められず、児童相談所の職員に色々手助けしてほしがる親を時々見かけます。もちろん全ての要求に応えられるはずもありませんし、それをすべきでもありません。しかし、それをしようとしてかなわず、疲れ果てて自分を責め、燃え尽きて数年で別な部署に移って行く若い児童福祉司も最近の児童相談所では珍しくありません。初めに、相手が何を求めているのかをまず知ることは大切です。病院で「胃が痛い」と言って来た患者さんに対して、医者が耳の中ばかり覗いていては不審に思われてしまいます。そして次には何が問題で何が足らない状態で、それを解決するためには何をすべきか、さらにそれは自分に、児童相談所に、あるいは法律の枠内でできることなのかということを客観的に吟味したうえで、必要最低限の支援を行います。

前節で述べたように子ども虐待発生には様々な背景が存在しています。それを理解することができれば、支援の方向性はそれらの軽減を図ることに自ずとなるはずです。まずは「余裕のなさ」を軽減し、孤立から抜け出す手助けをすることが基本的な支援の方向性です。それも必要以上ではなくということも基本です。

生活の余裕を取り戻すために

子ども虐待のリスクファクターに「経済的困窮」が挙げられます。デパートで存分に買い物をしてみたいと話してくれた方の例を引くまでもなく「貧すれば鈍する」と昔の人が言ったように、貧しさは人の心をも貧しくしてしまうことがあります。

児童養護施設から家庭復帰に至るまでの期間と家庭状況などの関連を調べた私たちの調査から、経済的困窮が主たる背景要因である虐待事例においては、家庭復帰までの期間がむしろ短いという結果が得られました。いくつかの理由が考えられますが、生活の立て直しについては、児童相談所の「得意分野」であるためと結論づけました。児童相談所は児童福祉司が中心の職場で、彼らが最も活躍できる支援方法の一つが生活援助なのです。多重債務や借金で苦しんでいる場合には法律相談を受けるよう助言します。生活保護を申請させて、生活費と時間に余裕ができるように働きかけます。その他の手当について受給漏れがないか確かめもします。これによって生活や住居が安定し、余裕を取り戻すことができます。車上生活や知人の家を転々としていた家族が住居を確保できた例もあります。あらかじめ（区）役所の担当者に打診をしておき、必要に応じて職員がつき添い、書類を書くのを手伝うこともあります。このように経済的困窮に対しては、それなりに改善を促す具体的な術が、福祉の領域では用意されているようです。

仕事を探すために、その間子どもを乳児院や一時保護所などに保護することもありますし、仕事が見つかれば、次には保育園の手配をします。もちろん能力的に問題のない家族には全て自分たちでその手続きをさせますが、家から近い保育園を探し、空き状況を区に問い合わせ、下準備をしておくなどの協力をすることもあります。待機者や希望者の多い保育園の場合は、優先的に入園できるように医師が意見書を書きます。親子だけで過ごす時間を減らして親が休息を取り自由な時間を確保するためにも、食事や昼寝など規則正しい生活を子どもに確保するためにも、日常的に虐待の有無をチェックするためにも、保育園や幼稚園は重要です。

横浜市では、平成19年度から嘱託職員の処遇ではありますが、養育支援家庭訪問員が各児童相談所に1名ずつ配置されました。社会福祉司などの何らかの専門的な資格を持った職員が採用され、主に家庭訪問を実施して育児についての助言を行い、食事の支度を手伝い、一緒に掃除をするなどの援助をします。担当の児童福祉司が必要性を判断して直接訪問員に依頼し、初回はできるだけ一緒に家庭訪問をして円滑に関係が成り立つようにしています。時にはベビーシッターのような役割を担うこともあります。母子家庭や、家事・養育の負担に著しい偏りのある家庭や、養育能力や環境に問題のある家庭に少しでも余裕を生み出すために活躍しており、非常に有用であると感じています。猫の目のように制度は変わっていますが、現在のところその他にも横浜市独自のもの、民間のものなど区別せずに挙げますが「こんにちはあかちゃん訪問員」「産後支援ヘルパー」「居宅介護ホームヘルパー」「育児支援家庭訪問員」「養育支援ヘルパー」など、家庭に入り込んで養育を支援する制度があり、目的や家庭の事情や相性によって使い分けをしています。

こころの余裕を取り戻すために

これまで述べたように、生活に余裕を取り戻すための支援を行う際には、もちろんやりすぎは禁物ですが、児童福祉司が寄り添い、具体的な手助けをすることが中心になります。保育園を一緒に見学して手続きにつき添います。通院にもつき添います。子どもの誕生日や入学式なども覚えてお祝いを述べますし、準備に協力することもあります。電話や訪問の際に様々な相談をし、時には配偶者に対する愚痴をこぼす相手にもなります。そのように関われば職員が誰よりも安心して頼れる存在になることでしょう。心理職も応援をします。子どもの継続面接を通じて、または直接親面接を行って、養育や家族関係などについての相談に応えます。行き詰まった時には子どもを一時保護して親がレスパイト（休息）できるよう手伝います。そうすることで虐待者のこころに余裕をもたらします。

また、虐待者の中に例年精神障害の診断が可能な事例が30％程度いることを前述しました。精神障害の症状は確かに人を苦しめ余裕を失わせます。そういった場合には生活に関する支援だけではなく、心理司によるカウンセリングや（児童）精神科医による面接なども行われます。一部の自治体を除いて児童相談所では投薬を行っていないので、精神科医療を勧めて紹介をします。うつや不安など様々な症状が余裕を奪うため、向精神薬の内服はこころの余裕を生み出すために大いに役立ちます。カウンセリング強化事業（診療費は個人負担で、同時に行われるカウンセリングの費用を最大10回まで公費で負担する制度）も薬の内服だけでなく心理カウンセリングが必要と判断した事例に適応しており、効果を挙げています。

夫婦関係や親族関係にまで介入することもまれではありません。これらの関係の悪さは多くの虐待に認められるからです。他人が関わって関係がすぐに改善するほど夫婦関係や家族の関係は単純ではありませんが、方向性としてはどうしても必要ではあります。横浜市では実現していませんが、東京都で行われている「父親グループ」などはこの点で大いに寄与するものと思います。

虐待者が孤立から抜け出すために

児童相談所や（区）役所などの職員が関わり、良好な関係を保ち「寄り添うこと」がすなわち孤立から抜け出す方策になります。実際にそういった関係の中で、親が自分自身や生活実態を開放的にしていくほど、虐待は減っていきます。虐待をする母親のグループ治療を行うと、終了後のアンケートに必ず記載される内容が「話を聞いてくれる人がいるのが嬉しかった」ということでした。自分の子どもに虐待を加えているということは、友達や親きょうだいにも言いづらいことのようです。職員であれグループの仲間であれ、それを話せる存在を身近に持つということは大きな救いになるようです。

そのような援助は児童相談所だけが行っているわけではありません。（区）役所の子ども家庭センターでも子育てグループやママさんグループを運営しています。地域活動ホームや地域子育て支援拠点など民間で子育てを援助してくれる組織も最近は数多くあります。数は少ないですが、精神科や婦人科のクリニックで同様の活動をしている所もあります。婦人相談所は主にDV被害など、立場の弱い女性の相談に乗ってくれます。このようにして職員と親しくなりグループに参加して仲間を作り、地域の活動にも誘い出し、夫婦関係や実家との関係についても時に職員が仲介に入り、孤立の軽減を図ります。多職種職場である児童相談所ではその特徴を生かして、チームで役割分担して重層的にこれらを行うのが良いでしょう。

養育支援グループ（虐待する親のグループ）について

わが国では子ども虐待防止センターでMCG（Mother & Child Group）の活動が始められ、各地でそれをモデルにした事業が展開されていったようです。横浜市でも、平成8年からMCGをモデルに、通称「かわべ会」が始められました。援助方針会議で認められた登録メンバーは8人程度で、隔週で月2回、1回2時間のフリートークを行う会でした。子どもは分離して職員とボランティアさんが保育をしていました。ベテランの児童福祉司がコーディネーターをし、児童精神科医（筆者）も助言者として参加していました。参加回数に制限を設けなかったため、参加者がなかなか入れ替わらない傾向に陥ってしまい、新しい人が参加しづらい雰囲気となったため、平成13年に別なグループである「まどか」を、新たに「かわべ会」に並行してスタートさせました。「まどか」は「かわべ会」同様に月2回、1回2時間のフリートークの会ですが、半年（9回）を1クールとして、最長で2クールまでの参加を認めるようにしました。常勤精神科医が事前に利用候補者と面接を行い、言語性が十分であるか、攻撃性が強く他の参加者にそれが向けられないかなどの適性を判断し、1クールの参加人数は8人を上限にしました。こちらは児童心理司が1クール毎にコーディネーター、記録員、子ども担当とローテートし、筆者がやはり助言者として参加しました。

「話し場」は「まどか」の修了者の中から、さらにグループへの参加を続けたいとの意向が挙がるようになって、平成15年に開始されました。「まどか」に並行して別な部屋で開かれ、子どもは一緒に預かりました。精神科の診察室のソファに腰掛けておしゃべりをします。職員は記録のためにひとりだけつくようにして、参加者の自主的な会に近いものにしました。

現在人員的な問題からこれらのグループ活動は休会していますが、グループ活動を行う意味は非常に大きいと思います。修了後のアンケート調査では、毎回肯定的な意見がほとんどを占めました。「皆が同じようなことで悩んでいてほっとした」「同じような悩みを持つ人たちだから、安心して話せた」「聞いてもらえる安心感が一番大きかった」など、仲間ができて話をし、聞いてもらうということで、孤立感の軽減に大きく役立っていることがわかりました。また、発言できる自分に気づき、自信がつき、精神的に余裕が生じるためか、これらの会に参加した後に働き始める母親も何人かいました。そのことでさらに自信が大きくなっていくようです。そのためか家庭内で夫に対して自己主張するようになり、夫婦関係が崩れたりあるいは崩れそうになった事例もありました。

その場に職員がいて話を聞き、意見を言い、終了後に様々な立ち話を個別にしていると、いつのまにか職員との関係も深まっていき、参加者の心情や生活状況が職員に対してより一層オープンになります。この関係は会の修了後も引き続き、その後の養育の困難場面で有効に機能します。この点でも安定した依存対象ができて孤立から抜け出す役割をグループは果たしているといえます。外部に依頼するのではなくて、本来所内で職員が担うべき業務であると考えるゆえんです。

支援のための連携について

子ども虐待の発生件数の増加、人権意識の向上、養育能力の低下、個々の虐待事例における背景の複雑さ、そして児童相談所の職員の少なさなどが重なり合って、子ども虐待への対応はすでに児童相談所だけでは解決しきれなくなっています。法的な後ろ盾として嘱託弁護士は欠かせない存在になっています。子どもが地域で暮らすためには、保育園や学校などや、市区町村の社会福祉士・保健師、民生委員や主任児童委員などの地域の役員などの見守りや情報提供が欠かせません、ほとんどの児童相談所では医療行為（投薬や入院）ができませんので、医療機関の協力も必要です。警察には立ち入り調査の際に立ち会ってもらいますし、身柄つき通告の際にも活躍してもらわなくてはなりません。非行少年への対応は少年課や生活安全課の警察官のお世話になります。最近はこういった子どもに対する治療的な関わりも警察で行われています。今後治療的な業務を要する事例のさらなる増加も予想されますので、大学の心理学科などと協力して治療にあたることも有意義かもしれません。

支援者が孤立してしまうと余裕を失い、巻き込まれやすくなり、結果として関係性をうまく持てないことが多くなります。相手の言葉をどう感じてどう反応するかは、その時々の支援者の気分や体調や余裕によって大きく左右されます。上記のような様々な機関・人などと連携することによって児童相談所の職員が余裕を持ち、孤立しないように努めることが望ましいと考えます。ましてや精神障害の方とつきあうには、支援の輪を広く強固に持つべきです。そのように、「支援者にも支援者を」との考えが大切であると考えます。精神障害者を支える基本的方向は医療の確保と安定した治療関係です。これらの連携をしていく時、情報のやりとりの中心には児童相談所があるべきです。子どもへの対応が実は最も大切なことですし、措置権限を児童相談所が持っているからです。

その他の支援など

この節の冒頭で述べたように、いつから支援が始まっているのかを考えると、答えは初期の介入時からとなります。妄想状態である、興奮が著しいなど告知をためらわざるをえない場合もありますが、やはり、支援関係を構築していくためには虐待に限らず事実の告知から関係作りは始めるべきです。この時、虐待には必ず背景があること、その背景を知り、その解決や軽減のための支援を行うことが目的であるということを、どれだけ相手に伝えられるかが大きく影響します。しかし、仮にその時にいったん敵対関係に陥ってしまっても、虐待者（相談者）は結局のところ支援を必要としている人たちであると考えられ、一時的な敵対関係は必ずしも失敗とは言えません。その後何度も関係を作っていく機会はあるものです。

ペアレント・トレーニングやサインズ・オブ・セイフティ・アプローチなど様々な優れた親子関係改善のための方法が開発され、わが国にも導入されています。横浜市の児童相談所でも、それらの研修の機会には積極的に職員を送り出しています。子どもが家で安全に過ごすために必要な方法であるとは思いますが、それでもやはり基本は関係性であることに何ら変わりはありません。そういった「方法論＝道具立て・媒介」を使用しつつ、親子と職員の関係を地道にかつ確実にしていくことを目標とすべきです。

また、処遇困難な家庭ほど、子どもが果たしている役割が多いことがあります。親の養育・生活能力が低い場合や親が精神障害で不安定である場合などに、子どもが家事やきょうだいの養育などのかなりの部分を担っていることがあります。精神的に親を慰め支えている場合すらありえます。特に児童相談所が分離の必要性を判断しても、親が同意しない事例ではそれが特に顕著であるようです。子どもの存在ゆえに生活保護費や児童扶養手当が支給されて家計が潤っているため、子どもを手放そうとしないこともあります。このように子どもが自分や生活を支えていて、自分たちが生活していくために必要な存在である場合があります。それらを奪われる不安に対しては十分理解を示し話し合います。また、子どもが分離された時に、そのような役割を担っていたことを家族が感謝してくれることはほとんどありません。私たち職員が子どもに対してそれを評価することも、子どものその後の情緒的安定には欠かせないことです。

父親や他の男性加害者への支援はまだ手つかずの状態と言えます。東京都が、土曜開催をするために外部の組織に依頼してグループ活動を実施しているとのことですが、他の自治体でそのような活動をしているという話は聞きませんし、横浜市でも実現していません。前述のように、父親による虐待の場合のみならず、母親の虐待にも実は父親（男性）の影響が潜んでいるのですから、父親（男性）にたいする支援や治療も行われることが理想的です。平日の日中の定期的な来所が困難であること、虐待への加担意識が希薄であること、暴力的なしつけを肯定しがちで虐待の認識が薄いことなどから、実現がなかなか容易ではなく、今後の課題として残されています。裁判所の命令などの、強権的な圧力が必要なのかもしれません。

4　福祉の場で考える親の精神障害

私が大学病院小児精神科から児童相談所へ転勤してきて、最も驚いたことの一つが、児童相談所や区の福祉事務所（現在の福祉保健センター）などの福祉系の職員が精神科の診断名を頻繁に口にすることでした。特に（境界性）人格障害の診断名は、関わりの困難な事例の象徴としてよく口にされ、またその診断名が語られる時には、その職員が困らされうんざりしていると判断できるくらいでした。時にはその診断のついている人を軽蔑しているかのごとき差別的なニュアンスすら感じることもありました。

児童福祉司の様子を見ていると、知的障害の判断は比較的抵抗なく行っているようです。うつ状態の判断も比較的スムーズです。一方で、妄想傾向や被害的傾向のある人や、話にまとまりのない人が現れると「先生、よくわからないので診てください」ということになりがちです。そもそも自分が相手に対して抵抗感や違和感を抱くこと自体が立派な「判断・診断」ではありますので、その依頼は無視せず受けることを原則にしています。

ＤＳＭやＩＣＤによる診断が主流になり、診断は素人にも「可能」なものとなりました。医師の専売特許ではなくなったがゆえに、診断に混乱が生じるようになり、診断は簡単に拡散する傾向が生じてしまいした。一つの診断名が流行すると、それは曖昧なままにあっという間に医療現場以外にも広がり、前章で指摘したように教育現場や福祉の現場で濫用されてしまうような現象が繰り返されています。福祉の現場では「診断する」ことと「診断名をつける」ということが渾然一体化しているように思われます。

精神障害の捉え方

福祉の現場では精神障害を有する親（や子ども）をどう理解し対応するかということについて述べなくてはなりません。精神障害の診断は本来治療の方向性を定めるために下します。どのような薬物を投与すると有効か、どの程度の生活能力があり行動の枠をどう設定するか、入院治療を要する可能性はあるか、治療期間はどのくらい必要で、予後の見通しはどうか、などのために慎重に診断します。

しかし、福祉の領域では多少目的を異にするように思います。児童相談所など、医療の場以外で精神障害者を支援する際には、薬を処方するわけではなく、生活や養育のどの部分に援助を加えれば良いかを判断し実行することが目的になります。そのためには、「診断名」を知ることよりは、むしろその人の精神的な症状がどのようなものであり、それがどのように生活や養育に影響を及ぼしているか、症状は誰にどのように影響を及ぼしているか等の「診断＝アセスメント」を行うことが優先されるべきです。そしてこの作業は精神科医でなくても決して難しいことではありません。多少極論になってしまいますが、福祉の現場では（精神科の）診断名は必要ないかもしれません。第一章でも述べたように、精神障害の診断には流行があり、同じ患者さんに対して主治医が代わると診断名も変わってしまうことがあるなど、診断の曖昧さとそれゆえ生じる治療方針の違いも生じることがあります。それにいちいち振り回される必要もないと思います。

境界性人格障害と診断名をつけられた親と出会う機会は頻度として少なくありませんが、その人たちも自分の「人格」に困っているわけではなく、時に襲われるうつ気分や不安発作や眠れなさに苦しみます。統合失調症と診断される人もその症状は幅広く、幻覚妄想状態や滅裂思考（思考の進行に論理的連関やまとまりが乏しい状態）など派手な症状ばかりでなく、日々の睡眠障害やうつ気分にむしろ苦しむことがあります。うつ病の人でも意欲の低下が主である人もいれば、焦燥感や不安が主である人もいます。診断名が同じでも症状の違いは大きいといえます。精神科の治療は、多くの場合これらの症状を投薬によって軽減して、その人らしさを取り戻し、生活が少しでも楽に健康的に過ごせるようにすることを最大の目的にしています。統合失調症の人が薬によって幻覚妄想を克服したとしても、それによって統合失調症が治ったとは言えません。うつ病の人が抗うつ剤を飲んでうつ状態を脱したとしても、薬を止めてまた無理をすれば再びうつ状態に陥ることは決して珍しくありません。このように、向精神薬は、非常に有用ではありますが、症状をターゲットにしており、あくまでも対症療法にすぎないと言っても過言ではないと思います。それゆえ出会った親や子どもが精神科医療を必要としているか否かを判断する際には、症状を見いだすことが大切になります。以下に詳しく述べますが、これらの症状を見いだし、症状を軽減することが必要であることを説明して、医療につなげるようにします。

様々な症状について

児童相談所で出会う精神障害を有する親たちの精神症状は、うつ状態、不安、睡眠障害、強迫、依存などが多いようです。幻覚・妄想を持った親や解離症状を訴える親にも出会いますが、頻度としては少ないように思います。症状を把握するためには、個々の症状についてある程度知っておく必要があります。

うつ状態

抑うつ気分や興味・喜びの減退、食欲の減退や不眠または過眠、焦燥感や易疲労感、罪責感、思考力や集中力の減退、意欲の低下、自殺念慮などを示す状態です。軽度のものでは社会生活や家庭生活に大きな支障を来たさないこともありますが、イライラなどの原因となりえます。生活リズムが崩れ、家事も滞りがちになり、養育情況に大きく影響します。この状態は抜け出そうと頑張るとむしろ悪化することもあります。意欲の低下、睡眠障害、食欲低下、日内変動（午前中不調で、夕方や夜間になると好調になる）などは面接を通して確認すると良いでしょう。

不安症状

漠然とした不安感に、動悸や発汗、息苦しさや吐き気など身体症状をともなうこともあります。人込みの中、乗り物の中、人前に出る時など特定の状況下でのみ不安発作を認める場合もあります。不安を感じることは不合理との認識は持っているため、自分自身に歯がゆさを感じてしまうこともあります。外出などが制限され、日常生活に支障を来し子どもの負担が大きくなることもたびたびあります。

睡眠障害

寝つけない（入眠障害）だけでなく、中途覚醒、早朝覚醒、睡眠リズムの乱れ、過眠、浅眠などタイプは様々です。朝起きられないという訴えがあれば（特に子どもの場合は）睡眠障害を疑うべきです。何時に床に入りどのくらいで寝つき、何時に起きるのか、途中で何回目覚めるのかなどは聞いておくべきでしょう。

強迫症状

不合理であると認識していながら、反復される持続的な考えや衝動（強迫観念）、または行動（強迫行為）で、著しい不安をともない、時間を多く浪費してしまいます。不潔恐怖などでは外出が困難なこともあり、外から帰ってきた子どもを不潔と感じて家から閉め出したり何回も体を洗わせるようなこともあります。子どもの散らかしたものや食事中の食べ散らかしなどが気になって苦しむ人もいます。

依存

重大な障害や苦痛を引き起こす物質を使用したり、状況に甘んじてしまうという状態をいいます。依存対象には一般に良く知られているアルコールや薬物などのほかに、パチンコや競馬などの賭けごと、買い物、異性などへの依存も多く認められます。DVも、最近は支配－被支配の関係と言われていますが、事例によっては依存症心性が色濃く存在すると思われるものも少なくありません。禁断症状が現れるとイライラし、物事を冷静に考えることができなくなります。経済的にも追い込まれる原因になります。ネグレクトとの関連も考えられますし、結果として自己イメージの低下にもつながります。

症状には当然重い軽いがあります。また、典型的なものとそうではないものとがあります。多くの場合には複数の症状が重なっています。面接の中からこれらの症状を持っているか否かを確かめて、日常生活や子どもの養育にどのくらい影響を及ぼしているかを確認します。

精神障害者とつきあっていくには、まず生育歴・生活歴を聴取します。生育歴から、その人固有の問題解決パターン、対人関係パターンを知ることができます。どのようなエピソードを大切な記憶とし、逆に傷ついた記憶としているかという情報からは、その人が大切にしたいこと、傷つきやすいことなどがわかります。生育歴の悲惨さからは回復や改善の可能性を、就学や就労の状況からは能力を知ることができます。この作業を進める際には、結果としてうまくいかなかったとしても、自分を保つためにその人が努力した足跡を追い評価することが、本人の癒しのためにも関係づくりのためにも重要です。

精神障害の方の不健康さはその人の人格などの一部分であるにすぎず、健康さも十分残していることが多く、対外的には病的な部分を露呈せずに過ごせている人も多く存在します。社会的には十分通用して成功している精神障害の患者さんも珍しくありません。

5　精神障害への対応

精神科医をしていると、時々「患者さんの妙な話を聞いていて自分がおかしくなりませんか」と尋ねられることがあります。患者たちはむしろ優しくお人よしで気遣いの人々であることが多く、かえって慰められることもあり、少なくとも今のところ自分はおかしくなっていないと思っていますが、児童相談所では虐待をする親に対して苛立ってしまうことは多いように思います。児童相談所の利用者の一部は、精神障害があって純粋にそれを治療しに現れているわけではなく、子ども虐待という表現を用いて、ＳＯＳを間接的に出そうとしているからです。自分に余裕のない時には「弱さを素直に出せよ」という気分になってしまうのです。治療になかなか現れようとせず、救いを求めていながら治療を拒否する傾向のある、拒食症に似ているかもしれません。

それでも徐々に関係性ができてくると、利用者も素直に頼り甘える姿を見せるようになります。特に精神障害を有する方の多くは、やはり病院で会う患者たちと同じく素直で心優しく人の良い面を出してくれます。時々攻撃的な態度や被害的な捉え方など不器用な表現の仕方で依存してくる方は見受けられますが、これも精神障害の患者さんに接していれば日常的に経験することです。関係ができていくとむしろ律儀で人を欺き裏切ることの下手な方たちであることに気づかされることと思います。

思春期の症例を見ていると、うまく他人に相談し依存し頼れる子ほど順調に自立していくように思います。「自立」とは「全てのことを自分で処理する」ことではなく、むしろ周囲にうまく頼り相談して委ね、つまり周囲をうまく利用して実現していくもののようです。大人でも同様で、自立を促す際には関係機関とうまく関わり頼り相談できるようにすることが自立への近道であると考えられます。そんな考え方も精神障害者に対する対応の基本的な対応と考えます。

対応の基本的方向と目標

ここで、私たちが平成16年に行った調査の結果を一つ紹介します。横浜市が管轄している児童福祉施設のうちの21施設（児童養護施設6施設、乳児院3施設、児童自立支援施設2施設、情緒障害児短期治療施設1施設、ファミリーグループホーム9施設）に対して、家庭復帰に至るまでの期間（平均入所日数）と、それに影響を与える家庭状況などとの関連について調べた研究の結果です。乳児院や児童自立支援施設と児童養護施設など、種別の異なる施設をまとめて調査したもので、研究のあり方としてはだいぶ雑なものではありますが、示唆に富んだ結果を得ることができました。平均入所日数に対しては、虐待の有無（あり群のほうが入所日数長い）、同時入所しているきょうだいの有無（同時入所しているきょうだいがいる群のほうが長い）、経済的困窮（あり群の方が短い）など、様々な要件が影響していることがわかりました。そのなかで、父母の精神障害の有無ならびに治療の有無、子どもの知的障害・行動上の問題の有無ならびに治療の有無も大きく影響していました。

全体の平均入所期間は706日でしたが、精神障害が父親にある場合が1835日に対してない場合が768日、母親にある場合で1308日に対してない場合が618日と、両親のどちらかに精神障害がある場合は、平均入所日数が約2〜3倍長くなっていました。これを治療の有無の観点から見ると、母親が精神障害の治療を受けていない場合は2676日、それに対して治療を受けている場合は942日でした。精神障害も、安定した治療を受けている場合は、家庭復帰に向けて大きな阻害因子になっていないことがわかりました。

次に子どもの場合、多動傾向のある群が２４２６日、ない群が７３４日、知的障害ある群１５８９日に対してない群７１８日、反社会的行動ある群１２９８日に対してない群８１３日、非社会的行動ある群３２５３日にない群６３０日と、子どもにおいても何らかの問題行動や知的障害のある群では、平均入所期間が有意に長いことがわかりました。さらに、これらに対して治療が行われていない群は１４２７日、行われている群は７８７日と、ここでも治療が行われている場合は、平均入所期間に影響を与えていないことが明らかになりました。

このように、子どもが家庭で過ごすためには、親や子ども本人の精神障害の有無そのものよりも、それに対して治療がなされているか否かが大きな影響を及ぼすのであれば、支援の方向性としては、いかに精神障害のある親や子どもを医療などの治療に向かわせるかということが重要になるはずで、児童相談所が担うべき役割もここにあるともいえます。

精神障害のある人は一日中常に症状に悩まされているとは限らず、むしろ生活場面の中で苦しみを忘れている時間を持っている人のほうが多いかもしれません。脳の神経伝達物質の影響を受けているわけですから当然ではありますが、普通でも症状には波があるのですが、児童相談所の精神障害を有する利用者のほとんどで、調子の良い時と悪い時に大きな差があります。胃潰瘍にかかった人が四六時中胃痛を訴えてのた打ち回るわけではないのと同じです。児童相談所で出会う精神障害者は、家庭を持ち子どもを育てている人が多く、社会適応をそれなりに送れている人が多いため、なおさらかもしれません。健康部分を評価して、それを十分に発揮してもらうことは大切です。

胃潰瘍の人も、調子の良い時もあれば、食べすぎたり空腹になったり、強いストレスがかかったりすると、胃が激しく痛むことがあります。同様に、精神障害の人も、苦しむ時には何かしら背景やきっかけがあると考えるべきです。子どもが言うことを聞かないので叩いてしまい後悔をしている、夫と口論して興奮して不安になった、実家に電話して相談に乗ってもらおうと思ったら「あんたが子どもを育てることに無理がある」と言われて傷ついた、調子が良かったので連日家に友達を呼んで食事会をしていたなど、調子を崩すには必ずといって良いほど理由があります。その人に特徴的なパターンもあります。症状の揺れに巻き込まれるだけではなくて、背景を解決しやわらげる、あるいはそのパターンを変えていくことも目標の一つになります。

支援の具体策

筆者の勤務先での具体策を述べますと、一つ目は、どのような対象であれ、支援の基本はやはり寄り添うことです。前に述べたように児童福祉司や社会福祉司や精神科ソーシャルワーカーなどが、家庭を訪問し電話で応対して日常的に相談に乗ります。掃除を手伝い、書類提出を手伝い、通院につき添うことまで必要であると判断されればそれを行います。生活保護を得られるように働きかけて、諸手当の説明をします。心理士や精神科医もカウンセリングを定期的に行って、電話による相談や愚痴を聞く相手になることもできます。そういった具体的な援助をしながら関係を良好に保ち、支えます。何も特別なことではなくて、どこの児童相談所や福祉保健センターでも実行されていることですが、この支援にこそ、その児童相談所などの力量が最もはっきりする部分かもしれません。

家族全体が、または家族の多くが精神障害（特に統合失調症）を有する場合があります。家庭訪問すると家の中がなんだか薄汚れていて、ある家ではゴミが居間に山のように三つ積み上げられ、座ると母親がゴミの山の向こう側にすっぽり隠れてしまうような家もありました。このような家に対しては、いかに健康的な風を送るかということが大切です。児童福祉司や養育支援家庭訪問員の訪問など児童相談所ができる送風はもちろんのこと、教育委員会のメンタルフレンド派遣や市区町村の福祉司や保健師の訪問など、様々な角度から健康的な人が訪問し、特に子どもに対しては時間をかけ、時には分離を判断するべきです。

二つ目はカウンセリング強化事業です。横浜市の場合は市内３カ所、市外２カ所の精神科クリニックに対してこの事業を委託しています。向精神薬の内服が必要と判断された親で、生育歴の中の種々の問題が整理されていないような事例を適応と考えています。児童福祉司や児童心理司が適応ありと判断した時に、児童相談所の常勤精神科医師の面接を設定して、精神科医師が事業の利用を決定します。ＤＶの被害を受けその後子どもに対して虐待をしている母親、自分の親から虐待を受けていた経緯がありそのことの整理がつかずに自分の子どもを虐待している親などが、ＰＴＳＤやうつ状態・睡眠障害などの症状を持ち、そのことで虐待を一層強めているような場合に利用しています。

三つ目として、先に精神障害者の治療を維持することが虐待を減ずるには意味がある旨を述べましたが、精神科医療の維持も大きな目標の一つになります。不安定になれば早めの通院を勧めて時には同行します。通院から足が遠のくと児童相談所の精神科医の面接へと導き、改めて動機づけを行います。不安定な親のなかには服薬を遵守していない人がいます。全く飲まない、断続的に飲む、薬を自分で選んで飲むなど様々です。その確認は本来主治医の仕事ですが、児童相談所など関係機関が把握しやすい場合もあり、その時は確認した内容を主治医に伝えるようにします（同意のもとで行う）。

依存症心性への対応

虐待そのものが依存症のニュアンスを持っているためか、虐待者においては様々な依存症も認められます。アルコール依存や薬物依存はもちろんのこと、パチンコ、タバコ、ケータイ、ネット、リストカット、異性依存などあらゆる依存症に出会うことができます。依存症に気づけず、否定する人もいれば、気づいていても変えられずに一層自分を責めて悪循環に陥り依存を強めてしまう人もいます。

最終的には安全な依存対象に程よく依存するようになることが目標で、依存を急激に止めることは困難を極めます。そのため、筆者は依存症の人を受け持つことになったら、依存対象を奪うのではなく、より危険の少ない依存に切り替えていくことを目標としています。アルコールや薬物のように身体的に非可逆的な影響を及ぼす可能性のある依存対象から、パチンコやインターネットや異性など身体には害のない対象に移行していくことをまずは目標としていきます。次には妙な男性に巻き込まれるよりは職員に依存するように、経済的に負担のかかるケータイ電話や買い物やパチンコやインターネットよりは、保険適応のある向精神薬に依存できるとしたらそれを進歩と考えます。依存症患者さんのほとんどは自己評価が低いため、自分を評価し褒めることが苦手です。ある意味で完全主義的な人も多く、完全に依存対象から離れないと満足しないということも多く認めます。支援者がご褒美としてこの軽い対象への移行を評価してあげる必要があります。

もう一つの方向は、ストレス対処方法を語り合い身につけてもらうことです。依存欲求が強くなるのはやはり不安感を感じる時やストレスを感じる時などです。これをどう処理するかということは、それゆえ依存軽減にとって重要です。台所で濡らした布巾を流しに叩きつける母親、卓上パンチングボールを一晩で壊した母親、トイレに籠もって大きな声で歌を歌う母親、宝飾品を磨いてこころを鎮める母親など様々な対処法に出会ってきました。人に話せるような方法か否かは関係なく、探し出すべく努める価値は十分あります。

さらに、健康的な部分を探し出して評価し生かすことです。いずれにしても、依存症の人は悲惨な生育歴を有していたり、こころに大きな傷を残していたり、幼少期に虐待を受けていた経験を有していたりと病理の深い人が多く、治療や支援を行ってもなかなか成果が見えないことも多く、できるかぎり焦らないことが大切です。

虐待をする親のなかには、ものごころついたころから自分の存在そのものが不確かで、死ぬことばかりを考えながら生きてきたような重症な人がまれならずいます。たまたま親になってしまったり、親になることで自分を救おうと考えて子どもを産んだりと、子どもの親になった事情は様々ですが、自分が生きることで精一杯ですから、子どもを十分に養育できるはずもありません。子どもも早くからそれを敏感に感じ取って不安定に過ごすことになります。このような事例では、親の治療を児童相談所だけで担っていくことには無理があります。時には入院治療も必要になり、医療機関の協力は必須です。せめて子どもだけでも治療するために、早期に分離を判断する必要も生じてきます。同意を得ることが最も困難な事例になりがちですから、医療機関の協力がこの点でも必要になります。

病状の変化に合わせて対応する

精神障害の人は子どもに対する愛情や養育意欲はあっても、症状や状態によって実際の養育が影響を受けてしまうことがあります。そのため、支援者は診断名だけではなく、状態の良い時の様子と共に、状態の悪い時の症状や状態を具体的に知っておくことが大切です。最悪の状態を知っておくことによって、養育状況が最悪になる時の様子を予測できます。予測ができればそれに対する予防や準備もできる可能性が大きくなるはずです。状態が悪化すると攻撃性が非常に高くなる事例では子どもが攻撃にさらされる危険性が増します。うつ状態になると、自殺願望が強い人であれば、子どもを巻き込む危険性が大になります。子どもを保護するタイミングを計る指標になります。調子が悪いと掃除も料理もできずだらしなくなってしまう事例では、前もってヘルパーなどを関わらせておくと、調子が崩れた時に介入しやすくなります。

精神症状が悪化する時には、突然悪化することもありますが、眠れなくなる、イライラしだす、疲れやすくなるなど、前兆がある場合がほとんどです。この前兆を一緒に思い出して意識できるようにしておけば、早めに気づいて主治医に駆け込めば悪化する危険を最小限に抑えられるかもしれません。また、仮に悪化しても早く回復する可能性も大きくなるでしょうし、薬の増量も最小限で済むことになるでしょう。

次に、精神障害者の生活歴を聞き、養育のあり様を眺めていると、自信のなさや自己評価の低さゆえか、頑張りすぎて失敗してしまうことも頻回に観察されます。評価を気にしてのためか、自信がないためか、力の加減を知らないためか、性格のためか、頑張っては潰れ頑張っては挫折しということを繰り返していることも多く、この点にも注意が必要です。元気になったからそれまでできなかった掃除と料理とあれもこれもと全てを片づけようとして、挙げ句には子どもの学校の役員も引き受けてしまい、やがて再び潰れてしまうような例が珍しくありません。復帰した職場で遅れを取り戻そうと、復帰初日から残業をこなして有給休暇も取らずに働き続けて再び休職に追い込まれるような事例も何人か経験しました。過去にそういったエピソードの繰り返しがないか確認をして、繰り返しがあるならばそれを意識してもらい今後コントロールに心がけるように導かなくてはいけません。うつ状態の人が良い状態から転落してしまうのは、こういった無理をした時が多いのです。

さらに、状態の悪い時に重要な案件を決定させてはいけません。特にうつ状態の時には自責的になり決定が後ろ向きになりすぎる傾向があります。統合失調症で、被害的で混乱している時には決めることもできないかもしれません。こういう状態で決めたことは、回復してからその決定を後悔してしまうことが多いようです。かつて病院勤務していたころ、うつ状態で自分は職場で必要とされていないと思い込んでいた人が、辞職してから初めて受診しにきました。治療で速やかに回復した後で、職を辞したことを激しく後悔しましたが、あとの祭りでした。混乱しているときに、夫の指示のままに離婚届に署名してしまって後悔していた人もいます。状態の悪い時の判断は、本人が判断したというよりも、症状が判断させたと考えるべきです。「状態が回復した時の判断でなければ、あなたの本当の判断とはいえない」ことをきちんと伝えて、状態の悪い時に大切な判断を回避できるように誘導すべきです。

精神障害の人やその家族に対して様々な約束事やお願いや説明をしなければならないことがあります。そんな時も症状に対する配慮が必要になります。たとえばうつ状態の人では、集中力や思考力の低下から、説明してもほとんどの内容を記憶していないことがあります。そういう時には骨子をメモしながら説明して、そのメモを渡すようにしています。統合失調症の人ではやはり集中力がなく、思考のまとまりがなくて聞き逃しや恣意的解釈もありえます。被害的に捉えてしまうこともあるかもしれません。人格障害の人では「言った」・「言わない」で争い、言い方の一つひとつに文句を言ってくることもあります。口頭だけの説明では全て忘れられ、勝手な解釈をされることがあります。後にトラブルの原因になることがあるため、繰り返し説明し、理解や納得の確認をしつつ、できるだけ書面にして各々がそれを持つべきです。

医者をはじめ、人を支える人間は常に最悪の状況を想定して準備しておくべきです。親が仕事を始めた、再婚した、離婚できたなど良好と思われる状況にあっても、失敗を想定しておくことで失敗を避けられるかもしれませんし、失敗や失敗による傷を最小限にすることができます。相手との関係が安定しているならば、その予測を本人にも伝えて気をつけてもらうこともできるでしょう。

他の家族への配慮

虐待を減じて子どもが家庭で良い環境の下で暮らすためには、精神障害に対する家族の理解や協力も大切な要件であるといえます。病状の説明は必ず必要になりますが、中長期的な見通しのもとに行います。すなわち、入院が見込まれる場合などは、症状や予後など本人にも家族にもあるがままに説明をしますが、家庭で子どもの養育をしながら療養をする場合は、患者の立場が弱くならないように注意事項や協力のポイントなどを中心にして婉曲的に伝えたほうが良い場合もあります。同様の配慮のために、本人と家族に伝える内容を異なったものにする場合もありえます。今現在誰に寄り添うか、誰を強化するか、将来的にも立場を弱くしないためになど様々な要素を配慮したうえで病状説明、治療の必要性、入院の必要性などを伝えるようにすべきです。

また、精神障害者の配偶者や家族も、一見良好な社会適応をしているように見え、良き理解者の姿をしていても、ある種の精神障害を有していることもあり、養育能力や問題解決能力も実際には当てにならない場合もありえます。話を聞いているのかいないのかはっきりしない、どこか話が通じづらい、頑固で融通が利かない、一方的である、など一般にも時にありがちな傾向ではありますが、その頻度は高いと考えて、この前提に立って丁寧にかつ慎重に説明するほうが無難であることが多いようです。

子どもたちに対する説明も大切です。東京都児童相談センターの調査で、施設に入所中の虐待を受けた子どもたちは、その多くが施設入所は自分が悪いから、または仕方のないことと理解しているとのことでした。その後の人生に大きな影響を残す出来事ですから、虐待を受けた子どもには、虐待者の精神障害が背景にある場合はきちんとその旨を伝え、子どもが不必要に自分を責めてしまわないよう配慮をすべきです。また、時にはそのきょうだいに対しても、きちんと家族が病気であり、治療が必要であることを年齢に応じた方法で説明すべきです。

6　精神科医療への動機づけと精神科医療との連携

多くの児童相談所には診療所機能がなく、直接投薬を行っているところはほとんどないようです。医師免許証を持ちながら投薬をできないということは、当初非常に歯がゆいことに感じられました。それでも児童福祉司と家庭訪問をし、施設のカンファランスに呼ばれ、対応困難な事例の面接などを行っているうちに、むしろ薬を使わずに治療を可能にすることのほうが、より高い能力を必要とするのではないか、などと自分を納得させられるようになりました。

児童相談所の医師の大きな役割の一つが、事例が（精神科）医療を必要としているか否かを判断して、必要な場合には、単に紹介状を書くだけではなくて、十分な動機づけを行ったうえで医療機関に紹介することです。児童相談所への来所も躊躇する人たちですから、ましてや（精神科）医療にそう簡単に足をむけるはずがありません。前述したように、虐待の改善には、精神科治療の継続が大きな力となります。なんとか精神科を受診させて、中断した時には改めて面接をして、再度動機づけを行うことも、児童相談所や子ども家庭センターなど福祉の場にいる精神科医ならではの活躍の機会であるように思います。

その業務を全うするためには、医療機関の協力が欠かせません。幸いにも大学病院の医局を共にした仲間や先輩・後輩などが周囲に大勢いて、彼らが多少の無理にも応えてくれます。児童相談所からの紹介事例は厄介なことが多いと時々苦情が耳に入ってきますので、負担が一箇所に偏らないように配慮もしています。

精神科治療への動機づけ

様々な診断名を冠されて児童相談所へやってくる虐待者は少なくありません。自分は健康者の代表ですとでも言いたげにしているけれど、よく診ると精神障害を有している虐待者も少なくありません。様々なタイプがある中で、精神科医が面接を行って、医療への動機づけをすべきは、病識に乏しく医療を拒否している事例や、自覚はしていても精神科医療に対する抵抗感が強く受診に踏み切れないでいるような事例です。これらの人々に対して「あなたは〜病で、薬を飲む必要がありますから精神科を受診してください」と言っても埒が明きません。向精神薬はそもそも根本的治療をしてくれず、全て対症療法すなわち症状軽減をしてくれるだけです。だからこそ、病気であると告知するよりも、困っている症状、日常生活や子どもの養育に差し障りを生じている症状をきちんと見極め、それをやわらげるために精神科に通うべきだといつも伝えるようにしています。「うつ状態に陥っていて、夜眠れずにいるようですね。だから朝起きられずにお子さんに朝ごはんを食べさせられないし、保育園に連れて行くこともできないでいるようですね。その結果ネグレクトのような状態になってしまっているのですね。抗うつ剤を飲んで、少しエネルギーが戻れば、元々の力を発揮できるようになって、朝も色々出来るようになりますよ」「治療を山登りに例えるならば、自分の足で登ってもらうけれど、急な斜面や岩場があれば杖やロープを使うでしょ。薬はそういう杖やロープみたいにあなたを楽にしてくれるものですよ。あなた自身やあなたの性格を変えてしまものではありませんよ」などと、病名を出すまでもなく、症状を軽減するために通院と服薬が必要と説得することで、精神科抵抗を弱めて精神科医療に足を向けさせることが賢明な方法であると考えます。

さらにその時に、精神科医とのつきあいで重要なのは相性であることも伝えます。「あなたと相性が良さそうな医者を考えて紹介しますが、精神科医も様々で、おかしな医者もたくさんいますから、相性が合わない、話しづらいなどと感じたらすぐに教えてください。理由を話し合ってからですけれど、別な医者を紹介しますから。

いやだと思う医者に自分のことをあれこれ話すのはいやでしょうし、そんな医者に出された薬を飲む気にはならないでしょうから」などと伝えて、ドクター・ショッピングをむしろ勧めることもあります。いやな精神科医と出会い、傷つくことを言われ「二度と受診しない」とならないための予防策です。紹介先の医師には失礼なことかもしれませんが、今時の精神科医は新患も取れないくらいに忙しくしている方が多く、迷惑にはならないと考えています。とにかく重要なのは、医療の必要な対象を確実に医療に向け、通院と服薬を継続させることです。これは、児童相談所の精神科医や心理士などの力量を最も問われる業務の一つです。

どこの児童相談所でも、医者が専門家としての「権威」を活用して精神科医療への橋渡しをする場合が多いとは思いますが、医者ではない職員が精神科受診を勧める際にはもうひと工夫必要かもしれません。伝え方として、例え話や経験談を使うことで柔らかく相手に話を伝えることができます。「以前担当していた人が、あなたと同じようなことで苦しんでいたけれど、A先生のところへ行ってお薬を飲んだらずいぶん楽になったみたいですよ」などと、実際に受け持ってきた事例の話を出して、受診を柔らかく伝えます。実際に医者は過去に診た患者さんの特徴を、目の前の患者さんに当てはめて診断や治療の参考にしているようなものです。そういう事例の経験がなくても「嘘も方便」ですから、受け持っていたかのごとく堂々と伝えれば良いと思います。

そんな方法で勧めても、精神科受診に抵抗する人はまれではありません。元々悲惨な生育歴を持ち、人を簡単に信用できない人も多く含まれています。精神科を受診して自分を露わにし、薬を飲むことは、敵か味方かわからない精神科医に自分を委ねる行為ですから、ある程度躊躇することはむしろ当然かもしれません。一度の説得で無理な時には、時間をかけて担当者などが関係を作り、機会を見計らって改めて説得し必要であれば一緒にしばらく通院することも考えます。

通院と服薬を継続させるために児童相談所などができることはまだあります。たとえば児童相談所や市区町村の精神科ソーシャルワーカー・社会福祉士などが役割分担して協力し合います。その人たちが通院につきあったり、通院のための公費を充てたり、様々な人が様々な角度から通院と服薬の遵守を支えます。「精神科通院を始めないと、または再開しないと、子どもを返さない」と条件を出すなど、児童相談所で預かっている子どもを説得のために「利用」することもありえます。通院しなければ生活保護費を支給しないなどとある種の「脅し」の材料に利用せざるをえない場合もあります。とにかく各々の立場から通院服薬を立て直し維持することに努めることは非常に重要です。

入院が必要な場合とは

精神科医療の必要性については第一章でも述べましたので、ここでは主に入院の判断について述べます。入院の適応の判断は難しい作業です。医者によって、家族によって、患者本人によって判断が異なることも珍しくはありません。入院を敗北や罪悪と捉えているような精神科医もいるようです。外来で抱え込みぎりぎりまで入院を判断しない医者もいます。逆に面倒を避けたいために入院を早々と判断しているように感じられる医者もいます。子どもが暴れるとすぐに入院させてくれと言ってくる家族もあれば、子どもに蹴られて骨折していても子どもを庇う母親もいます。入院の判断は、本人の状態像はもちろんのこと、家族の力量や気持ち、主治医の姿勢など様々な要素が影響します。

それでも、まず本人が苦しさやつらさに耐えられず、または自殺などの危険性が大きい場合などは入院適応があると考えられます。本人は入院の意思が固まっていないけれど、家族や身近な人々が、その言動や攻撃に耐えられず、または支えきれなくなった時にも入院を考慮します。すなわち、前者は本人の意思や状態像で、後者は家族や身近な人の都合や意思で入院を決定するということです。

次に、入院が必要な状態とはどのようなものかを考えます。症状には拡がりも考えると良いでしょう。自分の中にだけ症状を閉じ込め、懸命に周囲に気取られないようにしていることもあります。自分の中に封じきれなくなると、家族の前で症状を出すようになります。家族の前で出すと次には家族を巻き込み始めます。強迫症状等はその代表的なものといえます。家庭内から次には職場や親族など身近な社会で症状を出し始め、次にはとうとう社会の中で症状を出してしまいます。予後を考えると、初期の自分の中に症状がある状態から薬物などの治療を始めるべきですが、家族を巻き込み始めたころに、やっと家族も治療の必要性を感じ始めます。身近な社会で症状を出し始めると、自分の居場所や人間関係を次々に壊してしまう可能性もあるため、入院を考慮する必要性が増します。

やっとの思いで入院をさせることができても、入院で全てが解決されるわけではありません。入院の際には治療目的を明確にしなければなりません。休息のための短期間の入院、薬の内服を習慣づけるための入院、薬を調整してもらうための入院、急性期の興奮や自殺願望などを治めるための入院など目的は様々です。この時、できるだけ病院の特徴や主治医の特徴などを知ったうえで入院先を紹介し確保するよう心がける必要があります。

受診に際して、状態像などを医療機関にどの程度情報提供できるかということは大切です。医療機関との情報交換に際しては、必ず本人の同意を得ておく必要があります。そのうえで、症状の概要、生活歴・生育歴を含んだ経過、家族背景、治療目的、特別な配慮事項など情報はできる限り具体的に医療側に伝えるべきです。初診に際して事細かに再び聞かれることで、いや気がさす場合も多く、時にはそれが負担になる場合もありますし、本人から現状をうまく伝えられないことや、都合の悪いことを話さないことなどもあるからです。時間節約のために医者には書面で伝えると親切でしょう。心理検査の結果や支援経過の情報などを求められる場合もあり、これも再度病院で心理検査を受ける精神的・経済的負担を避けるためにも、医療側との関係性構築のためにも、可能な限り応えるべきです。さらに、初診の時には受診者の同意が取れれば、担当者が同行することもあって良いと思います。あえて、本人の治療への意志を確認するため、あるいは強すぎる依存に対する警戒のためなどの目的から、同行しない選択肢を選ぶこともありえます。当日急にキャンセルして医療機関に迷惑をかけてしまわないために、十分な情報を医師に伝えるために、面接場面の雰囲気を観察し医師からの情報を直接得るために、その後のケースとの関係性のために、初診後も主治医との関係性のために同行受診をした方が良い場合もあります。

以前大学病院の先輩医師から「福祉の職員は、頼む時は丁寧だけど、紹介しても返事はこないし、その後の経過も報告してくれない」と苦言をいただいたことがあります。お願いした事例については、病院退院後の経過を主治医に報告すべきです。それによってさらに連携が深まり、その医師との信頼関係が築けます。

最近は個人情報の取り扱いが厳しくなっています。そのため、福祉機関の職員が医師など医療機関の職員から医療情報を得ることが難しくなっています。もちろん情報を得るには、情報の対象者の同意をえる必要があります。しかし緊急を要する場合や、同意を得られていなくても医療情報を必要とするような場合も少なからずあります。そういった時に、最近の病院やクリニックでは診断名や投薬内容はなかなか教えてくれません。せめて、子どもを養育する場合の、または生活していくうえでの能力や限界、注意事項、症状の悪化の可能性と悪化したときの子どもに及ぼす危険性などは聞きだすよう努めます。通院同行を本人から依頼される関係が成り立っていれば、同行した時に情報収集できます。また、本来事例との関係性を深めて同意を得られるよう努めることが第一ではありますが、医師が情報を安心して出してくれるように、日ごろ医師との関係を作ろうとも努めるべきです。近隣にめぼしい医師を見つけ出して、講演会があるたびに講師として呼び、研究会やカンファレンスなどでは助言者として呼び、頻回に顔をつないでおくなどの工夫をすると良いでしょう。

その他

様々な工夫をして精神科医療につなげようとしても、どうしてもそれができない事例もまれに経験します。病識がない人、家族等に精神病院入院歴のある人がいてその姿を見て精神科抵抗が著しい人、人間不信が著しい人、情意鈍磨に近い状態像で自分も家族もその状態に慣れてしまっていて家族全体が病理を抱えている人などがその例に挙げられます。様々な立場の関係機関が様々な工夫をすべきではありますが、それをしても無理であった場合は、次には待つしかありません。養育者や家族がそのような精神状態であるときには、その間の子どもへの影響は多大ですが仕方のない場合もあります。この時も子どもはできるだけ分離する努力は続けなくてはいけません。本人や家族がとことん困って、特に本人がＳＯＳを出してくるか、状態の悪化によって措置入院が可能な状態になるまでタイミングを待たなくてはなりません。多くの精神障害者は、病識がない場合も実は違和感のようなものを感じているようです。そのため、時々「自分がおかしいか一度診てもらおうか」「なんとなく苦しいから精神科を探してくれ」などと言い出すことがあります。その時に速やかに入院などに動けるようなネットワークをあらかじめ組んでおくことが重要です。

また、精神障害者に対する偏見は、良好な関係を築いてそれを維持していくうえで大きな障害となります。弱い立場の人は自分に向けられる視線に非常に敏感であるからです。児童福祉に関する機関や医療機関、役所などにこそむしろ強い偏見が潜んでいるように思います。それを感じ取ったがゆえに傷つき敵対的になっている事例も多く見られます。筆者自身、ある親の生育歴を聴取する際に、まさかこの人が恋などしてきていないだろうと思いながら、その種の質問をした時に、相手の表情が微妙に変わり、後に馬鹿にしたと非難されたことがありました。まるでこちらの思いを見透かされたかのような気分でした。

目の前にいる人がどのように生きてきたかを真剣に聞こうとすれば、その人が様々な障害や葛藤のなかで、懸命に生きてきていることがわかります。「よく死ななかったですね、よく生きてきましたね」と声をかけたくなることは珍しいことではありません。その人の生活や思いを全て児童相談所が、ましてやひとりの職員が抱えることは困難です。多職種職場である児童相談所の特徴を生かしながら、医療など他の機関と連携しながら、それらの人々を支援していくことが現実的であろうと思います。

第三章　アセスメントについて

1　アセスメントとは

筆者が精神科に入局した１９８５年には、精神障害の国際的診断基準であるＤＳＭ－Ⅲが発表された後で、臨床場面で広く活用され始めたころでした。先輩医師たちは「こんな原因にも背景にも触れられていないような診断基準が役に立つものか」「精神科の診断を素人ができるようになっても仕方ない」などと口々に批判していましたが、学会発表などの際にはＤＳＭ－Ⅲの診断基準を用いて分類せざるをえない状況に徐々になっていきました。その後の20年程の間に、ＤＳＭ－Ⅲ－Ｒ、ＤＳＭ－Ⅳ、ＤＳＭ－Ⅳ－ＴＲと修正を重ねて、近々ＤＳＭ－Ⅴもまとめられるようです。すでに精神障害の診断分類は全てこれに基づいて（ＩＣＤ－10も使用される）行われており、今や学生ですらその存在を知らないものはいなくなりました。

それにともなって、精神科医の立場や視点も微妙に異なってきたように感じられます。発病の原因や環境の作用はあまり重視されず、薬物療法の進歩もあいまって、対症療法の傾向が一層強まってきているように感じられます。児童相談所との連携の際には「家族環境が問題のようですから、児童相談所でやってください」との発言も精神科医から聞かされることもまれではありますが経験します。かつて、生育歴や病前性格などを丹念に聴取して、家庭環境を詳しく聞き取り、その部分にも介入していた精神科医の姿を見かけることが少なくなったようにも思います。診断基準の変化が臨床のあり方に及ぼす影響はかなり大きいようです。

患者に面と向かった時に、どのような視点を持ち、どのようなことを観察し聞き出すかということは、治療者によってかなり異なっていて、治療者の患者に対する姿勢が色濃く反映されます。児童相談所では、初診は児童福祉司などが聴取します。そのうえで必要に応じて医師面接が行われます。医師面接に同席した児童福祉司が、自分の面接の時に語られた内容との違いに驚くことがあります。同じ人が語ったものとは思えないほど面接内容が異なる場合も珍しくありません。同じ事例を観察して感じることや理解できることも、当然ではありますが人によって大きく異なってしまいます。聞き取る側の考え方や態度によって、話す側が何をどの程度まで話すかも変わってくるはずです。それはそれで悪いことではないにしても、多少なりとも共通の姿勢や視点を持つべく、この章では、事例をアセスメントする際の基本的な視点について主に述べていきます。

アセスメントとは

はじめに『甘えの構造』で有名な土居健郎先生の『方法としての面接—臨床家のために—』という本から引用します。「見立てというのは、診断・予後・治療について専門家がのべる意見をひっくるめて呼ぶ日常語である。（中略）すなわち見立ては専門家が患者に告げる病気についての意見の総体である。そしてこれは（中略）専門家のためだけの学問的な意見よりも、治療に関する限りは、はるかに重要であると思われる。事実、見立ていかんで治療の成果は大きく左右されるといわなければならない。（後略）」。この文章の「見立て」を「アセスメント」に置き換えて、「治療」の部分を「支援」にして読むと、福祉機関で働く者にとっても十分通用する内容であると思います。すなわち、面接を行い観察して、社会的・心理的診断を下し方向性を見いだすだけではなく、それをどう相手に伝えるかによって、関係性の成り立ちや支援の成果が大きく異なっていくのです。アセスメントとはそのように、人を支援する時の総体を表すことと考えなくてはなりません。

医療における治療以上に、福祉機関における支援では、利用者との共同作業の意味合いが強いように思います。手術の際に患者として医者に身を委ねて麻酔をかけられてベッドに横たわっているのではなくて、福祉の現場における支援は、利用者が自らの力で依って立つために最低限の援助を行うことが目的だからです。しかし、それを行うには、医療の現場と同様に、しっかりとした診断と理解に基づいて問題点を見極め、それに基づいて援助方針を定め、それを利用者と共有して、共に問題の解決や軽減に努めなければなりません。これらの全ての行為を含んだ言葉が「アセスメント」であると考えます。

人の話を聞いて同情し共感するだけでは、私たちはただの「おじさん」「おばさん」「お兄さん」「お姉さん」になってしまします。様々な症状や行動や感情には必ず背景があり、その背景を把握したうえで、相手の生活や人生にどのように手助けができるか、それを客観的に考えていく姿勢が必要です。すなわち、私たちが専門家であるゆえんは「アセスメントする」姿勢や力を持ちうるかという一点にあると言っても良いかもしれません。一方で、もちろん人に対して同情し共感する力や情感がなければ関係性も深まっていきません。その両立は非常に難しいことでもあります。

何のためにアセスメントするのか

アセスメントの目的は、福祉機関においては当然利用者を「支援」するために行われます。自らが児童相談所へ足を運んできたか、警察に連れられてきたか、通報によって強制的に児童相談所が介入したかなどのいかんによらず、まずは主訴からアセスメントは始まります。すなわち、相手が何を求めているかを知ることが最初の目的になります。これから支援者が何を目的に支援をしていくかという方向性を定めるための情報ですから、非常に重要です。次に、相手がどのような人であるかを知ろうとします。どのような人生を歩んできて、どのような価値観を身につけてきたのか、性格、能力、揺さぶられる内容、問題解決パターンなど、様々な側面から知ろうとします。支援の内容やかける言葉の選択、支援の範囲などがこれによって大きく異なってきます。さらに相手がどのような環境や状況に置かれているかを知ることも大切な目的です。生活の様子、住居のありよう、経済状況、親子関係、夫婦関係、実家との関係など、ここでも様々な情報が必要です。そして問題点の内容とその背景、またはその問題が何ゆえその人にとっては大きい意味を持つのか、またなぜ今問題なのか等を次々と知ろうとしていきます。これらも支援の内容や範囲に大きく影響します。（精神）症状に目を向けることも重要です。何ゆえその程度の問題が気になってしまうのか、そこにはうつ状態はないか、何ゆえ相手の話が理解しづらいのか、そこには統合失調症などで見られるまとまりのなさがあるのか、何ゆえ養育が不十分なものになってしまうのか、その親には知的障害や精神症状はないのかなど、症状によって生じている問題が潜んでいないかということにも関心を向けなければなりません。精神症状がある場合には医療というさらに範囲を広げた支援が必要になります。福祉現場で支援するための方法として、環境調整は最も大切なものの一つであるためか、状況や環境にばかり目が行きがちですが、このように様々な視点から「アセスメントする」必要があります。

前項で、アセスメントは支援において関係を成り立たせる方法でもあることを述べました。話し手と聞き手のやり取りは、言葉だけではなく共感や驚きや同情などの情緒的な交流でもありますし、そこでの助言や意見の表出は時には支援者の価値観などの表現でもあるはずです。面接で支援者が相手のことを知ろうとする時には、それを語る利用者にとっても自分を整理する機会にもなっているはずです。アセスメントの作業を通して、支援者自身の人生や価値観や人柄も露わになり、相互の関係性が大きく形作られていくのは当然といえます。子ども虐待に対する援助の目的が孤立の軽減であり、余裕の回復であり、そのためには職員との関係性が重要なことも前章で述べましたが、そのような関係を成り立たせること自体が援助の一部であるとするならば、アセスメントを進めることは、実はそれ自体がすでに援助と関係形成の大きな部分を占めているとも考えられます。

過去を知って意味があるのかと考える人もあるかもしれませんが、過去からの連続性を辿ることで、今現在と将来を予測していくこともアセスメントの重要な目的です。アセスメントする作業は未来を予測して準備する作業でもあるということです。このように、様々な側面から相手を知っていくことで、関係を構築し、同時に何を援助してその結果どのような状況・状態になるのかを予測し、問題を共に解決していく中で治療も進められていくことが「アセスメント」の方法でもあり、目的にもなります。

2　情報の集め方

医師に成りたてのころに、小児専門病院精神科の先輩医師から「子どもの話を色々聞きたかったら、夜寝る前にベッドサイドへ行けば、淋しくて人恋しい時間帯だから良く話をしてくれる」と教えてもらいました。その後勤務した大学病院精神科では、講師の先生から「夜、消灯近くなったら患者さんの部屋に行って話をしてはいけない。関係が近くなりすぎて危険だから」と言われました。対象が子どもと大人とで全く逆の対応が必要なのかと非常に驚き、たくさんのことを考えさせられました。

かなり以前の経験ですが、面接時にある子どもの成績を母親に聞いたところ「わりと良かったです」という返事をいただきました。念のため次の面接の時に通知表を持参してもらうことにしました。持参してくれた成績表には1と2ばかりが並んでいました。それでも兄よりは良い成績だったそうです。他人からの情報は常に改めて吟味をする必要があります。同じような質問をすることは決して失礼ではありません。「同じことを聞くかもしれないけどご免なさい」と礼儀正しく断っておけば良いことです。

医者の面接も様々です。面接の時に、患者さんの訴えにほとんど口を挟むこともなく、ただ頷き、合いの手を入れるだけの精神科医がいます。一方で次々と日本刀で切り刻むかのごとく患者さんの言葉に反応して解釈や質問をぶつける精神科医もいます。情報を集めるスタイルには個人差や個性も認められます。そういった違いは当然あるにしても、患者さんやその家族から情報をえるにも様々な配慮が必要です。決まったスタイルや方法があるわけではありませんが、基本はやはりいくつかあると思います。

情報収集時の基本

情報収集の際の基本の一つは「具体的であるべき」ということです。その人を理解しようとする時に、その人の生活に何日も朝昼夕と密着して、何かあるたびにその人に今何を感じてどうしようと思ったか、何かトラブルがあるたびにどのような表情をしてどのように解決していくか、などを確認できればもっとも正確にその人を理解できるのかもしれません。しかしそれは現実的ではありませんから、面接場面でできるだけそれに近いものを得ようとしなくてはなりません。朝何時に起きてどのような食事を摂るのか、顔を洗い歯を磨くのか、午前中はどこで誰と何をして過ごすのか、ＴＶはどんな番組を見ているのかと一日の様子を時間を追って確かめることです。学校でいじめを受けたと聞いたら、どのようないじめで、どう反応して誰に相談してどのように解決したか、親はそれに対してどのように慰め行動したか聞くべきです。そのように面接で詳しく具体的に聞くことで、一つひとつの場面が目に浮かぶようにするよう努めることが大切です。学校で友達が「沢山いる」と答えた子どもに友達の名前を尋ねると、ひとりも具体的な名前が出てこないことがあります。「友達とよく遊ぶ」と答えた子どもに何をして遊ぶか尋ねると、実はいつも会話もなく別々にゲームをしているなどということが実際にありました。具体的に把握しなければ全く異なる理解になってしまいます。

相手の言葉についても抽象的なまま丸飲みにしないことも必要です。子どもが学校へ行かなくなって困ったとしたら、「困っている」という抽象的な言葉をそのままにしてもいけません。学習が遅れることを気にしているのか、世間体が気になるのか、友達関係が心配なのか、自分の時間がなくなることがいやなのかなど具体的に確かめるべきです。それだけで、親が学校教育に何を求めているか、子どもに何を期待しているか、子どもの何を心配しているか、社会に対してどのように身構えているかなどを推察することができます。児童相談所で「親は子どもに対する思いはある」「愛情はある」などの言葉をよく聞かされます。これもそのままでは何の意味もありません。親のどの言動からそう思ったのか、根拠が示されなくてはいけません。さかんに会いたがることを根拠とするならば、それは的外れであることもあります。親の生育歴を聴取するとよく「職を転々とした」ということを耳にします。どのような仕事に就いていたかによってその人の知的能力や作業能力やある種の文化などを知ることができます。どの位の期間仕事が続いたかを聞けば、粘り強さや社会性や対人関係の巧拙などを推測できます。何ゆえ辞めたかを聞けば、やはり能力や社会性や対人関係のあり方や時にはその人の攻撃性や自尊心の高さなどを知ることができます。学校で子どもに関する情報を集めようとすると、「元気で友達も多く、問題のない子です」と校長先生等に言われて帰ってくる職員がいます。これも、成績はどの程度か、そして急激に下がったりしていないか、同年齢集団での様子は、職員に対する態度は、授業中の様子は、生活リズムはなどと、様々な場面を想定して子どもの様子を聞き出してこなければいけません。

そして次には「できるだけ正確であること」です。相手の言っている内容をできるだけきちんと確かめるということです。どういう意味で言っているのか曖昧な陳述に出会うことはたびたびあります。そのつどどういう意味で言っているのかストレートに確認する必要があります。過去の出来事の発生時期や内容の説明が親と子どもとで食い違うことも珍しくありません。前後の出来事を思い出してもらうことで、かなり正確な情報にまとめることができますし、学校や親族など別の人から情報をえることで確認できることもあります。多くの精神症状はなんらかのきっかけの後に顕わになることがあります。家族や子どもに降りかかったエピソードがいつのことかということが非常に大切になることがあります。たとえば症状が出たのが大きな挫折の前の出来事か否かでは意味が異なってしまうこともあるでしょう。また、人の記憶は今現在の立場や心情によって加工されてしまうことがあります。今がつらければ過去の楽しいことも楽しいものと思えなくなってしまいます。子どもに対する虐待の罪悪感を軽減すべく、自分も虐待を受けて育ったと自分に言い聞かせてしまうこともあるかもしれません。そのために、語られるエピソードを具体的に且つ正確に聞いていく必要があります。そして相手が何を言い、自分がどう答えたかという記録を正確にすることはもちろん必要です。

最後に、すでに述べてはいますが、できるだけ多くの角度から情報を集めるという意識も必要です。情報は多すぎて困ることはありません。あちこちからの情報がまとまりなく集まってくる時にはいったんは混乱することがありますが、やがてそれはまとめることができます。できるだけ複数の人間、複数の機関などから情報を集めて、それを必要なものと不必要なもの、信頼できる情報とそうでないものと篩《ふる》いにかければよいことです。はじめから不必要そうだとして情報を無視することがあってはいけません。

面接前に得た情報の取り扱いについて

相談者は様々な経路を通じて児童相談所に到達します。自ら来所する場合もあれば、保育園からの通告、近隣からの通告、電話相談で勧められて、学校から勧められて、警察官にともなわれてなど、まちまちです。自ら突然来所する場合を除いて、ある程度の情報は利用者と会う前に入手することが可能です。区や市町村、警察、学校など通告してくれた機関、または個人が把握している情報を事前に聞き取ることは何処でも誰でも行っているでしょう。この時には「ほかから得た情報は信じるな」ということが基本だと思います。信じないというよりは自分で改めて確認する必要があるということです。伝言ゲームではないけれど、人づての情報は正確さに欠けていることが多く、4人きょうだいの保護がありそうだと聞いていて、いざ来てみたらふたりだったといった経験はよくあることでしょう。本人の意向や親の気持ちなど、誰かが面接をした内容についてはなおさら信じ切ってはいけません。面接者の力量や立場や雰囲気などによって、相手が話すことは大きく異なることがあります。仕入れた情報から、時には不必要な先入観や偏見を抱いて初対面に臨むことにもなりかねません。人の判断は最初の情報の影響を受けがちであることは否定できないことでしょう。同じことを何度も聞いてしまうことになっても、前述したように相手に謝りながら自分で確認することが大切です。

もちろんどのような場合も必要最低限の情報は確保するべきです。特にトラブルに関する情報が自分たちを守ることがありえることは前章で述べました。住民基本台帳で住所や家族構成、就学の有無などを調べることができます。住所がわかれば、住所地の福祉保健センターにすでに関わっている事例ではないか、乳幼児健診の状況はどうかなどの情報を集めることができます。就園・就学状況がわかれば、通っている保育園・小学校から情報を得られます。公的な機関からの情報は集めやすく比較的客観的であり、有用であることが多いのですが、学校からの情報のうち、校長など管理職からの情報はあまり意味がありません。日常を共にしている担任や養護の先生から直接聞くこと、しかもこちらが知りたいことを具体的に質問して情報を収集すべきです。遅刻や欠席の状況、保護者の様子・職業や生活の様子、友人関係、成績、ケガの有無、最近の様子など、質問に答えてもらう形式にしないと「問題ない子です」などと曖昧かつ抽象的な返事になってしまうこともまれではありません。

誰からの情報かということも重要です。他人からの情報はややもすると誰が言った情報か、それは誰が聞いた情報なのかということが曖昧になりがちです。受理会議において、児童相談所の職員がまだ直接事例に会えずにいて、学校や（区）役所からの間接的な情報だけでプレゼンテーションをする場合などにその傾向が顕著になります。一体誰がどういう状況でどのように聞いたのか、挙げ句の果てには一体誰が言った言葉なのかも明確でない場合もありました。面接時の聴取の仕方では、後で述べますが5W1H式の聞き方は避けるべきですが、間接的な情報であるほど、いつ誰がどうして、それを誰がどのような場面で聞いたかということを明確にすべきです。

特別に配慮すべき点がないかということも考えておきます。保護者が外国人であれば通訳の確保が必要なこともあります。区や学校でモンスターペアレントとして有名な保護者で、暴力や威圧などの危険性がある親に対しては、男性職員を含む複数の職員による面接を行い、体格の良い職員に待機してもらうことになります。母親ひとりでたくさんの、しかも乳飲み子を含んだ子どもたちを連れてくることが事前にわかれば、面接中保育をする職員を確保しておくこともできます。感染症の有無も確認できているといいかもしれません。

さらに相談経路や、誰が来所しているか、誰が相談カードに記入しているか、相談の内容、待合室での様子など、面接前に自分で確認したほうが良いことは沢山あります。あちこちを転々として生活に困って市や警察に駆け込んで連れてこられる場合と、自分の虐待行為に葛藤して相談を求めて来所する場合とでは、問題解決能力や解決意欲に大きな差があるかもしれません。相談カードや問診票に記入された文字や文章を見れば、知的能力や几帳面さや時にはまとまりのなさや混乱や不安の大きさなどを読み取ることができます。平日に両親揃って来る家族もあれば、祖母だけで多動傾向のある子どもを連れてくることもあります。窓口で、子どもが落ち着かないから見ていてくれと頼みにくる疲れ切った母親がいたりもします。待合室で座っている親子を観察すれば親子間の緊張の度合いなどを測ることができますし、子どもの落ち着き具合も判断できます。祖母と母親が子どもを連れてきて、子どもの相手をしているのは常に祖母であったということもありました。以前大学病院の外来で、混雑しているわけではないにもかかわらず、母親は中待合室に子どもと離れて座り、父親は外待合所でひとり座っている家族がありました。たまたま帰りの電車で一緒になると父親は隣の車両に座っていました。待合室の光景は実に多くの情報を与えてくれます。

3　面接の実際

精神科面接は、特に初診面接は、初めて会う人から困っていることや生活の様々な様子を聞き出し、虐待や疾病あるいは心理的葛藤など個人的な秘密の部分に触れる行為です。それだけに医師生活が25年近くになる今でも、面接を始める前には緊張します。「初めてで緊張しちゃうよね。僕も初めて会う人だから緊張しているんだよ」と親子に声をかけることもたびたびです。終了して「今回は満足な面接ができた」という充実感もいまだにめったに味わうことができません。面接は非常に難しい作業だと日々感じています。

大学病院に勤務していたころ、研修医や医学部学生の臨床実習の際に、面接指導をする機会に恵まれました。学生実習の際には、上司の面接をマジックミラーのこちら側から学生と一緒に観察して解説しました。親子の面接中の様子や子どもの症状について説明をし、上司の質問の意図を伝えたりしていました。研修医の場合には、必要に応じて直接面接に割って入りましたが、基本的には研修医が面接をする時に後方に陪席して、面接時の態度や質問の仕方や返答の仕方についてのコメントをメモして、終了後にそのメモに沿って面接を振り返りました。上司の面接をじっくり観察できたことも大きな収穫ではありましたが、それ以上に面接の意味や質問の意図など、自分の面接であまり意識することなく繰り返してきたことを言語化して他人に説明するという作業は、面接について深く考える良い機会になりました。

これまで、何人かの高名な先輩医師たちの面接に同席させていただきました。中には精神科診療であるにもかかわらず、本当に3分間で診療が終わってしまうものもありました。患者さんが入室した時にはもうテーマも見えているかのごとき名人もいました。丁寧に所見を舐めるかのように確かめながら面接を進める先輩もいました。陪席していて心地よくてつい居眠りをしてしまったこともありました。各人各様の面接は自分の中でまとめようがなくて、一部分の言葉や、相槌の入れ方など表面的なことを真似ていくのが精一杯だったように思います。それでもそれらの先生方の面接中の集中力と、患者さんに対する興味・関心の高さは共通するものでした。まずはこちらが相手に対して「この人はどんな人で、どんな人生を送ってきて、どんなことに傷ついているのか」という関心を謙虚に抱いて相手と面と向かわなければ、相手も胸襟を開かないのだろうと思います。それを時々自分に言い聞かせながら仕事をしています。

児童相談所における面接では、初診はもちろんのこと、再来の場合も30分から1時間を割くことができます。家庭環境、親子関係、具体的な時間の使い方など、聞き取り話し合うべきテーマが多岐にわたることが多いためです。その意味では総合的な「アセスメント」を考える時間に恵まれていて、ある意味で児童相談所はかなり贅沢な精神科医療の場であるようにも思えます。病院勤務のころを振り返って、病院精神科医療もそうあるべきだと考えますが、時間も考え方も病院ではそれが許されない現実があることも確かではあります。経済効率をあまり考えずに面接等が行える余裕は失いたくないと思っています。

面接を始める

人と初めて対面する時には非常に豊かな情報を集めることができます。面接をする側も同じですが、初めて人と会う時には多かれ少なかれ緊張します。そこが相談機関で、しかも虐待の相談ともなれば当然緊張はさらに大きいはずです。緊張すると、人は自分の持っている心理的防衛機制を駆使しようとして、そのためにむしろ自分の不安や負い目など様々な感情を露出してしまうことがあります。たぶんその人は、日ごろ追い込まれた時やストレスの強い状況下では、初診時と同じような反応をし、同じような対処をしている可能性が大であるとも考えられます。

ですから、初めて会って視線を交わし、あいさつした時の印象は大切にして、必ず記憶に留めるべく記録すべきです。おしゃれな人か、派手さは、清潔感は、服装の几帳面さは、老けて見えるかなどの外見の特徴はもちろんのこと、元気さは、声の大きさは、視線は落ち着いていたか、視線を逸らしたりしなかったか、攻撃的ではなかったかなどの印象や全体像も記憶に留めておきます。次に会った時に、急にハイテンションになっていたり、急に不潔になっていたり、表情がやさしくなっていたりなど、その後の変化を観察する基準になります。しかし前節でも述べたように、最初の情報はその後の判断に大きく影響しがちです。特に直接会っての印象は強烈で、その後の視点や判断に与える影響は特に大きいものです。自分の得た情報や印象も実は常に仮説であり、面接の進行に従って、その後の関与の進展につれて確認し変更すべきものであることは心しておく必要があります。

面接に親子・家族で来ている場合にはできるだけ親子・家族同席面接からはじめるべきです。ここそと、初めに親だけで面接をして欲しいと申し出てくる場合もたまにありますが（これも家族のなんらかの機能不全を示す特徴的な所見とも考えられます）、この時も「後で時間は作りますので、まずは全員でお入りください」と説明してできるだけ全員面接から始めるようにしています。家族のお互いのやりとりを観察することで、家族の雰囲気や関係性を感じ取るためです。特に初対面の緊張を家族がどうお互いに頼りながら克服しようとしているかという姿がよく観察できますし、誰が決定する力をもっているか、子どもの表現を親が妨げないか、支配的ではないかなど豊かに家族間力動を想像させてくれます。

そして一人ひとりの雰囲気や全体的な印象を感じ取ることも大切です。「何やら眉間にしわを寄せて暗そうだ」「疑い深く人を信用しない感じがする」「なんだか服装やお化粧などのバランスが悪い」など、病的なあるいは不自然な印象を持った場合は特に記載しておくべきです。何度か会っているうちに相手に慣れてしまって、不自然さなどを徐々に感じなくなるようなこともありえます。始めの印象はその意味でも非常に重要です。これらを短い文章で言語化することは自分のトレーニングにもなります。

子どもの場合の防衛機制はさらに未熟です。そのため緊張場面で緊張を緩和して自分を守るための行動は、時に場違いであったり、極端であったり、状況によっては別人のようになってしまったりということも珍しくはありません。診察室にゲームをしながら入ってくる子もいますし、マンガを読みながらの場合もあります。異様に礼儀正しい子、ハイテンションになり不必要なことまで話したり簡単に秘密を吐露してしまったりする子もいます。しゃべれなくなってしまう子もいます。慣れるにしたがって落ち着いてくると、徐々にその子ども本来の姿を示すようになります。慣れるまでにどのくらい時間がかかるかを大まかに測っておくと良いでしょう。変化に対する適応力や大人に対する信頼感の度合いなどを知る材料になります。さらに、すぐに調子に乗ってしまう子、部屋の探検を始めてしまう子など、場や人に慣れた後の姿も様々です。この時の親の反応も千差万別で興味深いものがあります。医師に対して失礼だときつく叱る母親、全く関心を示さず子どもがそこにいないかのように振る舞っている母親などかなり多様で、日常的な親子の関係やしつけの様子、何を大切にしているのかなど、豊かに観察できます。いずれにしても、面接が始まったばかりの様子から得られる情報はその後も何度も振り返るべき宝物であると考えられます。

波長あわせの時間

面接室に案内して椅子やソファに座ったら、まずは自己紹介をするべきです。相手の名前がわかるだけでも緊張が緩むのか、自己紹介をする姿勢が好ましいと思われるのか、自己紹介をすると、緊張していた親子の表情が急激に緩み笑顔を見せてくれることがあります。次には場合によりますが、来所を労います。父親が会社を休んで来所してくれた時、子どもがいやいやながら親に連れて来られた時、虐待者が虐待を非難されるかもしれないと思いながら勇気を振り絞って来所した時など、自然と労いたくなる場合も珍しくありません。

次に、1時間の面接をしようとするならば、冒頭の5分から10分は「波長あわせ」の時間にします。来所方法や服装や来所した印象など当たり障りのない話から、相手の大まかな把握をしていきます。つまり、相手の言語能力、健康さ・不健康さ、親子関係、緊張場面の対処の仕方、興味関心の方向や強さなどを探っていきます。理解力が弱いと感じた時には、言葉をできるだけ平易にして理解の度合いを確かめながら、話してくれた内容が事実か否かをより丁寧に確かめながら面接を進めようとします。話にまとまりがないようであれば、話の節々で内容を一つひとつ確かめる慎重さを心がけます。言葉による表現が不十分であれば、こちらが推測した内容を伝えて確認するようにします。子どもの話に介入しがちな親であれば、親を制止できるか確かめ、無理そうであればどこかで子どもだけと話す時間を作るように工夫します。このようにその後の面接をどのように進めるか、どこまで深めるか、何を聞き出すべきか、どのような配慮をすべきかなどを考える時間帯にします。

この間に可能であれば一度くらいは相手から笑顔を引き出す工夫もします。何かしらのユーモアや軽い冗談を口にすることなどによって、相手の緊張をやわらげます。そのことでより自然に豊かに自分のことを語ってくれるようになります。またこの作業は、ユーモアが通じるか、笑顔は魅力的か、共感性は豊かかなど、相手の健康面を探る行為でもあります。

本題に入る

次にやっと本題に入っていきます。この時、主訴、家族歴、現病歴（問題の経過）、生育歴、現症（症状）、問題点などと、聞き出す時の分類を頭に入れておく必要があります。面接に慣れてくると、相手がバラバラにあるいは前後して話したことを、頭の中で引き出しに整理するかのように分類して、それをまた組み立てていくことができるようになりますが、慣れないうちは、できるだけ上記の分類の順番に従って面接を進めると、聞き漏らしが少なくなります。たとえば、人は恋人との結婚を考える時に、相手がどのような家で生まれ育ち、どのような親の元でどのように育ってきたかもわからないとしたら不安に陥るでしょう。人との関係を作っていくには、このように人の過去や育ち方や家族などのことを知りたくなることは自然なことです。面接で聞き取るべきことはこういった作業と似ているかもしれません。

最初に聞き取るべきことは当然主訴（相談に訪れた主たる理由）についてです。この時に事前に得た情報から「今日は～ということでいらしたのですね」などと主訴の方向性を狭めてはいけません。「今日はどういうことで相談にいらしたのですか」「どういうことでお困りですか」などと、相手が自由に話の方向性を決められるようにします。相手がまず何についてどう話すかも大切な情報です。次にその主訴が誰にとってのものかということを確認する必要があります。母親が家で暴れることが主訴だと言う傍らで、子どもは連れてこられただけ、などと答えることがあります。このように親子間であるいは時に夫婦間で、（少なくとも表現される）困っていることが異なることがあります。また、主訴は子どものこととしながら、実は面接が始まると自分の配偶者や生活への不満や不安ばかり語る親に出会うこともあります。この時に子どものことばかり聞こうとしては、どんなに時間をかけても不満足な思いをもって面接が終わることになります。主訴の裏に隠れた訴えがないか、本当に話したいことは別にないかなどを探らなくてはなりません。ある程度丁寧な面接を何度か経験してくると、主訴を聞き取っただけでも、相手がどのような人生を送ってきたか、どのような背景を持っているかということが想像できることもあります。そして主訴は、相手がどのような支援を求めているか、いわば支援契約を結ぶべき対象でもあります。主訴の聴取はそのくらい大切で、注意を払うべきものですから、当然面接はそこから始めなくてはいけません。

家族歴についても、できるだけ具体的に聞き出します。学歴も「高卒」「大卒」などで済ましてしまわずに、高校名、大学名なども可能であれば聞き出します。夫婦の学歴のバランス、家族各々の学歴に対する価値観、時には知的な能力などを量り知るための情報になります。「会社員」という言葉も何も聞いていないに等しい言葉です。職種によって忙しさや生活パターンも違いますし、給料やプライドや文化なども違ってくるかもしれません。せめて経営者か営業職か研究職か組み立て工かなどの職種くらいは聞きだすべきです。子どものきょうだいの通う学校が私立か公立かなども聞いておきましょう。家族構成については、少なくとも祖父母や叔父伯母・曾祖父母についてまではできるだけ聞くようにします。その親子を支えてくれるかもしれない人々を探すためでもあり、親子がどのような文化や環境の下で育ってきたかを知る入口にもなるからです。

また、家族に精神障害など疾患に罹患している人がいないかどうかも大切な情報です。遺伝負因は（精神）医療の必要性の判断の根拠の一つになり、家族が抱えている大きな問題の一つでもあります。精神障害の家族歴があり、しかも入院して大量の向精神薬を内服しているような近親者がいると、精神科抵抗をむしろ強めることもあります。家族の状況にも様々な影響を及ぼしている可能性もあります。ここで家族のことをあまり語りたがらず、隠したがる場合は、初診時に深追いをしないほうが無難です。ただし、こういった場合はむしろ重要な情報が隠されていることが多いので、ある程度関係ができてきてから必ず忘れずに確認するようにします。そのほかにも、家族の離婚や再婚、死別などが子どものこころに少なからぬ影響を与えることについての研究報告も少なくありませんので聴取する必要があります。

問題の経過を聞く

人によっては問題の経過をきちんとメモしてきて、わかりやすく説明してくれますが、多くの人は過去の話をしていても急に現在の話になってしまうなど散漫な話をしがちです。特に混乱や不安が大きい人や話を聞いてくれる相手を求めていたような人は、堰を切ったように過去と現在をごちゃ混ぜにして話すことも珍しくありません。相手のペースに合わせることは大切ですが、やはりある程度時系列に沿って聞き取るよう努めます。特に面接に不慣れなうちはできるだけ時系列を追うようにすると、聞きこぼしが少なくなります。

問題については誰が問題を起こしたのか、誰がどのようにその問題に対処してきたのか、誰にとって最も大きな問題なのか、問題によって派生した周囲の人々の情緒的な反応はどうであったかなども知ろうとしてください。問題がより明確になることはもちろんのこと、それによって問題の主人公と周囲の人々との関係性が見えてきますし、キーパーソンを知る契機にもなります。

症状発生の起点についても把握は簡単ではありません。かつての職場で上司であった小倉清先生は著書『こころのせかい「私」はだれ?』の中で、症状の意味について「こころのバランスをとろうと一生懸命努力してきました。しかしいまや、何をどうしても、もはやこころのバランスを保つことは不可能になりました」その結果「もう刀折れ矢尽きて、周囲に、助けてくださいという信号を送る」状態に陥った時に表出されるものと書かれています。親が中学生ころからの問題と述べていても、子どもは小学校低学年ころから苦しかったなどと、親とは異なることを語ることはよくあることです。主観的な起点と、周囲が気づく症状発生の起点とは意味が異なるものとも考える必要があります。どの時点が症状の発生時点になっているかは個々の事例で判断せざるをえません。しかし、子どもの言う時点であれ、親の言う時点であれ、症状発生の直前のエピソードは、症状発生の誘因になっていることも多いので丁寧に聞き取るようにしなくてはいけません。

経過を聞き取る際にもやはり具体的に聴取する姿勢は重要です。問題の当事者は、問題の捉え方が主観的になりがちです。たとえば、子どもがてんかん発作を起こした時に、ほとんどの親は、発作の時間を実際よりも長く感じて報告する傾向があります。一つひとつの陳述を丁寧に吟味しながら面接を進めてください。

生育歴・生活歴を聞く

現在は過去の積み重ねによって成り立っていますし、未来は過去と現在によって形作られていきます。その連続性は一般的には途切れてしまったり大きく歪んでしまったりしません。それゆえ、生育歴（過去）を聞き取ることは、今現在を理解して将来を予測するために行われることでもあります。人格も、気質といわれる生来的なものに、その後の様々な経験や環境などが影響して形成されると言われます。人格や価値観などを含めて、相手がどういう人か、どうしてこういう考え方をするのかなどを理解するためにも生育歴の聴取は欠かせません。ここでは生育歴のなかで何を聞かなくてはならないかを考えます。

まずは、乳幼児期の環境や養育のされ方やその時の親の心情などから、人に対する基本的な信頼感や安心感を育まれてきているか否かを知ろうとします。虐待を早期から受け続けるほど、脳の容積が小さくなるという報告があります。乳幼児期の養育の状況はそれほどに大きな影響を子どもに及ぼすと考えられます。夫婦関係が不安定で、子どもの誕生を手放しでは喜べない女性、育て方もわからず途方に暮れて、赤ちゃんに泣きながら毎日ミルクを飲ませていた女性、姑に赤ちゃんを連れていかれて、敵意の中で赤ちゃんを育てなくてはならなかった女性など、様々な負荷の中で子育てがなされていることがあります。愛着関係といわれる基本的な対人関係の形成期の、このようなエピソードが子どもに影響を与えないはずがありません。その後の、特に思春期以降の対人関係を不安定なものにしてしまう大きな要因になるかもしれません。乳幼児期の様子は、その人の症状の「根深さ」を想像するために必要な情報になります。このような子どもたちに、表面的な問題への対応だけ行っていたのでは、太刀打ちできるはずがありません。

子どもは遅くとも生後5～6週になると、親の感情を読みとるようになるという報告があります。授乳中に母親の視線が自分から離れると、授乳速度が落ちてしまうそうです。泣いたり笑ったりといった赤ちゃんの働きかけに同期して親が反応を返さないと、赤ちゃんは不機嫌になります。このように、子どもが出産直後から、様々な働きかけを親に対して行い、親の感情や態度に対して敏感に反応している証拠は数多く報告されています。母親の胎内にいる間にも母体の状態に反応していることすら指摘する研究者もいます。それゆえ、妊娠・出産直後からの母親の置かれている環境や、そこから引き起こされる心理的状態は、子どもに大きな影響を与えていると考えなくてはなりません。子どもが産まれた時の母親の思い、母乳を与えている時の気持ちや情景、父親や姑や実家との関係など、全てが乳児期の子どもの置かれている環境であるといえますので、親の記憶に残るこの時期の具体的なエピソードを可能な限り聞き出すことが望ましいと思います。

感情表現の歴史も大切です。赤ちゃんは空腹や眠気などの様々な感情を、泣くという単一の方法に変化を持たせ駆使することで母親などに伝えようとします。多くの親たちはそれを見事に聞き分けて、赤ちゃんを不快から救い出します。ところが、母親が赤ちゃんの表現に同期した反応を示さないことが続くと、泣き方が単調になり、空腹時の泣き方しかしなくなる傾向があるそうです。人が自分の感情を表現して、それを処理する時に他人の手助けを借りようとする力は、すでに赤ちゃんのころから始められ身についてくるもののようです。幼稚園や小学校で過ごしていたころに、怪我をしても親にはなかなか話せなかった子がいます。学校でいじめられても誰にも相談せずに我慢してしまう子がいます。言葉で表現することが不十分で、保育園などでほかの子どもを突き飛ばしたり噛んだりする子もいます。幼稚園や学校などの集団生活に突然放り込まれた不安をパニックでしか表現できない子もいます。子どもに限らず、大人になっても、言葉によって自分の感情を伝え、人と頼り合い、相談し合い、委ね合うことを、人は人生を自立して乗り越えるための基本的な武器にしていますが、それを不幸にも身につけていないように見える人がいます。基本的な安心感を人に対して持てない人にとっては、感情表現や意思伝達や健全な依存は苦手な作業となり、生活や養育を円滑に進めるための力を削いでしまいます。子どもにしても大人にしても、どのように自分を表現して人に伝えて依存してきたかということにも歴史があり、連続性が認められます。

対人関係のパターンも必ず聞き取るべきです。親との関係はもちろん、友人関係、異性関係などについて、親は厳しくて甘えることができなかった、友人はほとんどいなかった、異性を好きになったことはない、などと話す虐待者に会うことがあります。本当にそうであったかも具体的に聞き出して判断しますが、少なくとも印象や記憶のうえでは甘えられなかったし、関係性は希薄だったのでしょう。そう語る人が、大人になっても依存が下手であるということは容易に想像できます。親には何を期待してかなわなかったのか、学校で友人が大勢いたのか、いつもひとりふたりの小集団に属していたのか、異性に何を求めて、どのような失敗や経験をしてきているのか、そして常にそれらの経験が今にどのように影響しているのか、今も繰り返しているのかなどがわかれば、今後のその人の対人関係のあり様も予測することが可能になります。

問題解決パターンも生育歴から窺い知ることができます。いじめられた時に誰に相談をしてどのように跳ね返したか、結婚生活に行き詰まってしまった時に何を考えてどのように結論を出し行動したか、夫のＤＶに対してどのように逃げることを決心できたかなど、様々な過去のエピソードにおける問題解決のあり方は、その人の今後の問題解決のパターン、あるいは陥りやすい解決パターンを知る根拠になります。支援や治療を行う際の相手の行動を予測して枠を設定する際に貴重な情報となります。

連続性が保たれているか否かの吟味も忘れるわけにいきません。人格の連続性、能力の連続性、興味関心の連続性、職業の連続性、対人関係の連続性、元気さの連続性、生活様式の連続性などを確かめていきます。積極的だった子が急に消極的になった、成績が急に下がった、交友関係が急に変わったなどのエピソードは、子どものこころの中に大きな問題が生じたことを示唆するものでしょう。超過勤務が長く続いたある日から急に笑顔が消えしゃべらなくなり、やがて自殺してしまったというふうな話を聞くことがあると思います。急激な変化はそのように精神障害の「発症」を示唆することがあります。それゆえ生育歴の中のこのような「顕著な変化点」に着目することも大切になります。特に、きっかけが不明瞭である変化は精神障害の発症を疑わせる根拠の一部になります。精神科医療の必要性を考える際の判断材料にもなることです。さらに、変化点の前の生活を聞き出すことで、発症の誘因となったエピソードを知ることもできる場合があります。この情報は、その後の治療や支援における行動上の注意点や精神障害再発の予防手段を考える参考になります。

虐待は一世代で形成されるものではないように思います。「親の因果が子に報い」的なニュアンスがあるように思います。そのため、虐待をしている親やその配偶者の生育歴や生活歴も、子どものものと同様に常に得てゆく必要があります。

精神障害をアセスメントする

相手が精神障害を有しているか否かを判断することも決して易しいことではありません。ましてや統合失調症であるのか、気分障害であるのか、人格障害であるのかなど、短時間で確定診断を下すことは、精神科医にとっても易しいことではありません。だからといって児童福祉司や心理士（児童心理司）など医者以外の職員が診断を諦めてしまってはいけません。診断というよりも、ある種のアセスメントはどうしても必要ですし、誰もが行うべきことです。

まずは「話が通じづらい」「固い印象」「まとまりがない」「異様に緊張している」など直感とも言える初対面の際の印象は前に述べたように重要です。面接をしていて相手に対して「何かおかしい」と感じたら、その直感や印象を大切にして無視してしまわないようにします。次におかしいと感じた点について、何がどうおかしいと感じたのかさらに面接の中で確認して言語化するように努めます。または、具体的な症状についても「夜、十分に眠れていますか」「食欲はあるのですか」「不安なことはないですか」「以前のようなやる気は保たれていますか」「自分が噂されてるとか感じてしまうのですか」など、子どもに対しても親に対しても平易で日常的な言葉で聞き出そうとすれば、精神科医に対してでなくても、多くの人は素直に自分の状態について語ってくれるはずです。そしてこの場合も日常生活に支障を来たし苦しみ悩んでいる点について聞き出そうとする姿勢が大切です。外出、子育て、近隣との人間関係など困ったことがないか、支障を来している点はないかを確かめて、それが何ゆえうまくいかないか理由を一緒に考えます。聞きとった側がその理由を当然と考えられるか否か、大袈裟な反応や被害的な捉え方など、不自然さがないかどうかも吟味します。

次に大切な視点は、何度か触れていますが、連続性が保たれているか急激な変化点はなかったかということを聞き出す視点を持つことです。一般的に人の性格や考え方などは連続的で大きくは変化しないものです。ずっと消極的なタイプであった人が急に積極的になるとしたら、何ゆえそのように変化したか丁寧に聞き取ります。そしてその理由が十分納得できるものかどうかが大切です。不自然な内容や変化であるようならば、さらに丁寧に具体的に聞くようにします。成績の変化、仕事の頻回の変化、人間関係の変化、考え方の変化など内容は様々です。この点についても、かつて精神科診断で重要視されていた「了解可能か否か」という視点が大切なことと思います。

子ども虐待は24時間四六時中行われるわけではないでしょう。何か心理的負荷などが加わった時に突発的に発生する場合がほとんどであろうと想像します。精神障害の症状の顕在化や強弱も、多くの場合、同様に状況因が強く影響します。ある特定の心理的負荷や状況においてのみ症状が出現する場合と、一日中ほとんど絶えることなく症状に苦しめられる場合とでは、重症度も対応方法も異なってくるかもしれません。どのような時に眠れないのか、どのような種類の言葉に対して被害的に捉えてしまうのかなど、症状と思われる状態像が生じる契機や場面にも目を向けるようにします。そういった意味での連続性も確かめるべきことと思います。

聞きだす時の注意

ここでは面接の際に相手から話を聞きだす、引き出す時のいくつかの注意点に触れておきます。はじめから懸命に話を引き出そうとする姿はあまり上品ではありません。まずは相手が話すことを傾聴することから始めるのが妥当でしょう。その中で、相手が話してくれた話題については、基本的にさらに聞き進めて深めていって良いと思います。話の入口を示してくれたということであって、相手が案内してくれた入口から入ることは自然なことだからです。ただし、時にまるで罠のように、その入口から入ったが最後、その話題から抜け出せなくなるような場合もあります。夫の悪口、学校に対する批判など、間で口を挟むタイミングも見つけられないほどにまくし立てるような人に出会ってしまうこともあります。そういうことがありえるとしても、やはり相手が示してくれた入口から入っていくことは、相手に負担をかけない方法です。そもそも長い人生で沢山の経験をしてきたであろう人が、一時間程度の面接の中で語る2～3のエピソードは、たぶんその人にとっては大きな意味があるものと考えられます。相手が示してくれた入口にそういう意味があると考えるならば、丁寧にそこから入っていくべきでしょう。

聞く時の態度については、聞く側はできるだけ感情をコントロールすることが大切です。性虐待における面接の注意点に「驚かない、動揺しない」などがありますが、それは性虐待に限ったことではありません。人は、相手が驚いたり動揺したりすると、ことの重大さに改めて気づかされたり、話したことを後悔したり、時には相手に申しわけないと思ったりしてしまいます。特に子どもの場合、それも年齢が低いほどその傾向は顕著です。「世の中何でもあり」と考えて面接に望むべきです。一方で、相手にことの重大さをあえて伝えるべく、大げさに驚いたり、がっかりして見せたりすることはあります。この場合においてもやはり感情はできるだけコントロールして、面接をしている自分自身の感情や思いも常に意識しているべきでしょう。

次に、何か質問を投げかける時やコメントをする際に、自分が聞こうかどうしようか、コメントしようかどうしようかと迷う場合は聞かない、コメントしないほうが無難です。迷いながら話をしようとすると、その話の内容や場の雰囲気は重たいものになり、相手にとっても重たく受け止められてしまいます。逆に、迷わずにサラリと聞ける内容については、相手も意外とスムーズに答えてくれることが多いように思います。もちろん、頭の中で十分吟味せずに質問することは言語道断ではあります。知らずのうちに相手を傷つける要因になります。面接中に相手に投げかける質問や言葉について、後で「何ゆえあの場面であのことを聞いたのか、あのコメントをしたのか」などと相手や陪席者に聞かれて、その理由を全て説明できないようでは困ります。

面接中に相手が話したことに対して、きちんとなんらかの反応は返すべきです。話の内容が解らなければ、解らないという顔をしたり聞き返したりします。逆に理解できた、共感できたという場合にはその旨をきちんと伝えます。相槌や合いの手をいれることも大切な技術の一つです。人は壁に向かって話をしていても普通話は弾みません。聞いてくれる人がいて、理解を示してくれる人がいて、反応を返してくれる人がいるときに表現はより豊かになります。反応の仕方は人それぞれの特徴があっても構わないことです。あまり良い反応悪い反応というものがあるようには思えません。この点についてはどうしても個性がでますし、当然それが相性の善し悪しにも影響します。

人が真剣に話をしてくれると、あまりに荒唐無稽であり、あるいはあまりにわざとらしい話し方でもしないかぎり、面接者は当然それが真実であると受け取りたくなります。しかし人の陳述とはあくまでもその人個人の記憶であり印象であります。子どもの多動や発達の偏りなどは、関わる大人によって正常とも異常ともとられてしまいます。そういった捉え方の個人差もあるでしょうし、夫婦関係の問題などは利害や感情的なものが絡み夫婦双方の言い分が１８０度異なることもありえます。「面接者は中立であるべき」と何人かの先輩医師から盛んに指導されましたが、情報の収集においては正しいことと思います。忙しさや無関心などを理由に、父親をなかなか面接場面に登場させたがらない母親を時々見かけます。「予定を調整するのに、ご主人に直接連絡をさせていただいてよろしいですか」と提案をしても拒否的であるとしたら、夫婦の言い分の違いが大きいのかもしれないと判断して、片方の陳述には慎重に身構える必要があります。このように、人の陳述がどこまで客観的で真実であるかの吟味も大切な作業の一つになります。この点からも複数からの情報や陳述を確かめ、機会を変えて確かめる姿勢が必要です。

もう一つは、生育歴や問題の経過など過去のことを話してもらう時の注意点です。過去のイメージは、美化や防衛など様々な要因によっていかようにも加工してしまうことができるという点です。虐待をしている母親が、虐待を後ろめたく思って、自分も虐待をされていたと思いこむことで、後ろめたさをやわらげようとすることがあります。逆に幼少期に死んだ父親を完全な父親であったかのごとく話す人もいます。かつて受け持った統合失調症の14歳の男の子は、初診面接の際に筆者が「14年間生きてきて何が楽しかった?」と質問したところ、即座に「何もありません」と答えました。傍らの母親が慌てて運動会や家族登山の時には嬉しそうな表情をしていたと彼に同意を求めましたが、彼は無表情にそれをやり過ごしていました。今現在があまりにも苦しくて、過去のこと全てが楽しかったこととは振り返れなかったのでしょう。このように、過去は現在置かれている状況や現在の心情などによっても色合いを変えてしまうことがあります。過去をできるだけ客観的に正確に知るためには、過去の話はできるだけ具体的に聞くことと、周囲からの情報も絡めて判断をすることが必要です。

4　様々な評価法

筆者が大学の精神医学教室に入局したころにも、一応新人用の教育プログラムが用意されていて、最初に心理室長が心理テストの説明を簡単にしてくれました。全員が風景構成法の被験者にさせられ、簡単な解説があっただけで私たちの描いた絵に対する分析についてはほとんど明かしてくれませんでした。今思えば、どうぞ自分で勉強しなさいということだったのでしょう。その後怠け者の筆者は、系統的に心理テストについて学んではきませんでしたが、心理テストの結果と面接の結果から、被験者の日常生活の様子を想像し、問題点を考えることに関して、心理職員に劣らないようにと心がけてはきました。あるいは、面接と行動観察から得られた情報以上には、心理テストからは得られないと言えるような面接や観察をしようとも思ってきました。今は、それらを全て参考にして、子どもの日常生活や行動パターンなどを推察することが、より総合的でより客観的な方法だと考えるようになりました。

「心理的な原因で」と小児科医が言うのは、とりあえず身体的な異常が見つからなかった時であると、先輩の小児科医が言っていました。ある子は、遺尿を主訴に診察してもらった小児科医から、児童精神科に紹介されてきました。当然必要な身体的検査は済んでいるものと思い、生育歴や生活状況を聞き取り、集団不適応や衝動性、親夫婦の葛藤などもあり、心理的要因も大きいと考えて、しばらく外来で診察を継続していました。半年以上が経過しても症状の改善を認めないため、もう一度主訴を聞くと、やはり遺尿が主訴であるとのことでした。もう一度小児科に戻して精査してもらったところ、手術が必要な身体的な疾患（二分脊椎）が見つかりました。筆者は総合病院の精神科で働いていた期間が長いため、これに類した症例を数多く経験してきました。わけのわからないことを言うため、脳外科から統合失調症を疑われて送られてきて大きな脳腫瘍が見つかった症例、神経内科から統合失調症を疑われて送られてきた脳炎の症例など数多く経験しました。身体的な検査や診断の視点も大切なことです。少なくとも主訴が身体症状である場合には、それが演技的に見えたとしても、心理的な背景が色濃い場合でも、少なくとも一度は身体的な検査を受けさせるべきだと考えています。

児童福祉司などから一時保護中の子どもの面接を依頼されると、最初は診察室での面接をせず、一時保護所での行動観察をするように努めています。生活場面や集団の中での様子をできるだけ負荷のかからない状態で見るためです。入所時の健康診断を行うこともあり、新奇場面の様子をすでに観察している子どもについてはなおさらです。様々な検査手技が開発されているようですが、やはり生活場面を自分の目で観察して評価することが基本であろうと思います。

数多くの検査技法やテスト方法が開発されていますが、それらに頼るだけではなく、参考にはしつつ様々な視点からひとりの子どもや親を把握する姿勢、とりわけ日常生活場面を重視した姿勢は失うべきではないと考えます。

観察する

（行動）観察は次項の心理テストの重要な一部分を占めていますが、ここでは独立させて述べます。行動観察も分類のしかたは様々でしょうが、大きく分けると、学校や施設や一時保護所など子どもが生活している場面を自然な状態で観察する方法と、面接室やプレイルームなどで、医師や心理士の面接や久々に会う親との面会場面などの心理的負荷をかけた状態を観察するものとが考えられます。さらに、観察者も、親や学校の担任や児童福祉施設の担当者など、子どもの生活を支え子どもの生活に密着している人々による観察と、定期的・断続的に会う医師や心理士や児童福祉司などによる観察では意味合いが異なってきます。生活の一部を共にしている方が圧倒的に情報量が多いことは間違いありませんが、時に密着しているがゆえに見落としがちになることもあります。体つきの変化や表情の変化など、日々の変化はわずかであるために、身近な人のほうがむしろ気づきづらいこともまれではありませんし、癖や特徴なども毎日見慣れているがゆえに特異的であるなどの判断がつきづらいものです。

同じ人を観察するにも方法論や状況など様々な要素によって、見出されるものも異なってきます。大切なことは、観察においても情報は多面的に集められるべきだということです。様々な場面設定の違い、対面する人の違い、観察者の違いなどを考慮した観察情報を集めます。生活場面を観察する際には、ひとりでいる時と小集団の中や大集団の中にいる時との違いはないか、家庭や学校や施設など場による違いはないか、同世代の子どもを相手にしている時と大人を相手にしている時、異性相手と同性相手では差がないか、親が一緒の時とそうでない時ではどのような違いがあるか、静かな場面とざわついた場面では子どもの様子も異なるのでは、などを考慮します。成人の場合でも、待合室の様子と面接室に入った後の様子、児童福祉司に対する態度と医師に対する態度、学校や区役所で見せる様子と児童相談所で見せる様子、家族が一緒の時とひとりの時となど、やはり様々な状況の違いを観察することを目指します。

ここでも変化を観察する姿勢は重要です。こちらが投げかけた言葉に対する表情の変化、親が語っている内容に対して反応する時の子どもの表情や様子の変化、父親が退席した時の子どもや母親の態度の変化、面接の時間が長くなった時の子どもの機嫌や落ち着き具合の変化など、面接中に目の前で生じる変化を見落とさないように心がけます。目の前で見せる表情の変化に気づいた時には、「あれ、今のお母さんの説明で怒った顔になっちゃったけどどうして?」などと可能な限り変化をその場で指摘して、何ゆえ変化したか直接本人に確認すると良いでしょう。もう少し長い経過における変化も大切です。入所中の子どもの看護スタッフや他児童への態度の変化、日常的な表情の変化、身体的訴えの頻度の変化などある程度の時間を経て観察される変化も大切な情報です。

近々家族再統合を目標にすることができそうな事例については、ワンウェイミラーを利用した観察を行うこともあります。施設から子どもを連れてきてもらい、家族と児童相談所で合流します。分離後初めての面会をこのような形で行うことで、親子双方に心理的な負荷がかかった状態での観察をまずは行います。子どもの緊張や恐れの度合い、親子の立ち位置や座り位置や距離の取り方、視線の合わせ方、遊びの様子などを複数の職員が観察します。このような面会を重ねる時には観察すべき指標を定めるようにします。何度か進めて慣れてくるとまた別な指標を設定する必要も出てくることもあります。

遊戯療法や箱庭療法、絵画や料理など、心理士などとの時間は大人との1対1の場面設定になります。これも場合によっては、あるいは人によってはかなり緊張した場面設定になりえます。逆にかなりリラックスした慣れ親しんだ場面設定にもなりえます。緊張の強い心理士などが相手をする時には子どもは敏感にそれを感じ取って、同様に緊張してテンションを高くしたり、場を和ませようとおどけてしまったりすることもあります。一方で、緊張が低い時には、悪戯をし、甘えを見せることすらあります。

一般的な医療現場と異なって、児童相談所など福祉の現場では、家庭訪問もかなり日常的な業務になっています。この際の観察も豊かな情報を与えてくれます。来所した時との服装の格差はどうか、家は整理整頓され清潔か否か、センスや好みは、子どもの持ち物がどのように扱われているか、生活レベルは分相応か、などきりがな

郵便はがき

料金受取人払郵便

神田局
承認

6052

差出有効期間
2015年８月
31日まで

切手を貼らずに
お出し下さい。

101-8796

537

【受　取　人】

東京都千代田区外神田6-9-5

株式会社**明石書店** 読者通信係　行

お買い上げ、ありがとうございました。
今後の出版物の参考といたしたく、ご記入、ご投函いただければ幸いに存じます。

ふりがな お名前	年齢	性別

ご住所　〒　　　-

TEL　　　(　　　)　　　FAX　　　(　　　)

メールアドレス	ご職業（または学校名）

＊図書目録のご希望	＊ジャンル別などのご案内（不定期）のご希望
□ある □ない	□ある：ジャンル（　　　　　　　　） □ない

書籍のタイトル

◆本書を何でお知りになりましたか？

□新聞・雑誌の広告…掲載紙誌名[ ]

□書評・紹介記事……掲載紙誌名[ ]

□店頭で　□知人のすすめ　□弊社からの案内　□弊社ホームページ

□ネット書店 [ ]　□その他[ ]

◆本書についてのご意見・ご感想

■定　価　□安い（満足）　□ほどほど　□高い（不満）

■カバーデザイン　□良い　□ふつう　□悪い・ふさわしくない

■内　容　□良い　□ふつう　□期待はずれ

■その他お気づきの点、ご質問、ご感想など、ご自由にお書き下さい。

◆本書をお買い上げの書店

[市・区・町・村　書店　店]

◆今後どのような書籍をお望みですか？

今関心をお持ちのテーマ・人・ジャンル、また翻訳希望の本など、何でもお書き下さい。

◆ご購読紙　(1)朝日　(2)読売　(3)毎日　(4)日経　(5)その他[新聞]

◆定期ご購読の雑誌 [ ]

ご協力ありがとうございました。

ご意見などを弊社ホームページなどでご紹介させていただくことがあります。　□諾　□否

◆ご 注 文 書◆　このハガキで弊社刊行物をご注文いただけます。

□ご指定の書店でお受取り……下欄に書店名と所在地域、わかれば電話番号をご記入下さい。

□代金引換郵便にてお受取り…送料+手数料として300円かかります（表記ご住所宛のみ）。

書名	冊
書名	冊

ご指定の書店・支店名	書店の所在地域 都・道 府・県 市・区 町・村
	書店の電話番号 (　　)

いくらいに観察すべき点が挙げられます。あるベテランの児童福祉司は家庭訪問の際には、かならず台所を見せてもらい、トイレを借りて覗いてくると教えてくれました。また、もうひとりの児童福祉司はできるだけ写真のアルバムを見せてもらうようにしているということでした。

関係機関の反対を押し切って、多少の無理をして家庭復帰をさせた子どもが、３カ月後に両大腿骨の骨折で救急病院に運び込まれました。虐待の再発が強く疑われました。後から反省をすると、確かに家庭訪問の際に、その子の写真だけが壁に貼られていなかったことに気づいていたのに、それを活かせませんでした。別な事例ですが、生活保護を受けてぎりぎりの生活をしているはずが、かなり高額な急須を使い、電子ピアノが２台置かれていた家もありました。困窮した現状の受け入れが十分でない方だと感じて帰ってきました。出産後顕著なうつ状態になり、赤ちゃんの養育ができず、来所もできないということで訪問すると、そこには結婚式の写真が飾られ、健康的な笑顔を見せていました。健康部分の大きさが感じられて、統合失調症も疑っていましたが、単純なうつ状態であろうと診断する根拠の一つになりました。

系統化された観察方法も国内外で数多く利用されています。自閉症診断観察法、不注意や多動の診断法などは比較的良く知られています。いずれにせよ、観察する際には観察する項目や変化を判断する、指標のようなものを用意する必要があります。特に慣れないうちは、判断の基準となる指標があると良いでしょう。上記の標準化されたものも観察する対象によっては有用ですが、全般的な対象に通用する尺度を自分なりに持つべきです。そんな時には標準化された心理検査の下位項目が役立ちます。たとえば後述するＫＩＤＳ乳幼児発達スケールの「対こども社会性」「対成人社会性」「理解言語」「表出言語」「しつけ」などの項目を基本にして、これに加えて「緊張の様子」「親子の関係性」など自分なりの項目を加えて、これらを指標として準備したうえで観察すると良いでしょう。

心理検査の利用

面接は相手の言葉や面接者の観察などから診断を行う方法で、主観的なものであることは否めません。内科や外科の診断のように、血液検査や画像検査などを駆使して、客観的に診断する方法がなかなかないのが精神科医療の特徴です。それでも多少でも客観的な診断を下すために多くの工夫がなされており、その一つが心理テストであり、最近ではチェックリストなども次々と開発され利用されています。そして最も多面的に正確に相手を理解するためには、これらを駆使して面接や観察から得た情報などと照らし合わせて総合的に判断することが、現状では最も客観性を高める診断方法なのかもしれません。すなわち、面接をして、観察をして、心理テストなどを行い、それらを比較してまとめて判断するということです。ただし、関わりの難しい親に対して、あなたはおかしいですから心理テストを行わせてくださいというわけにはいきません。少なくとも児童相談所では子どもを対象に心理テストは実施するしかありません。

心理テストの種類の多さは信じがたいほどですが、標準化されて頻繁に使われているものはある程度限られています。何を用いるかは施設によって検査者によって違いがあるようですが、ここではかなり標準化されていると思われる検査について簡単に紹介しておきます。大きく分けると、ＷＩＳＣ－Ⅲ（成人ではＷＡＩＳ）、ビネー系（田中・ビネー、鈴木・ビネー）などの知能テストと、ロールシャッハテストやＭＭＰＩ（ミネソタ多面人格検査）、東大式エコグラム（小児用エコグラムも開発されている）やＹ－Ｇ（矢田部・ギルフォード）テストなどの性格・人格テストに分けることができます（もちろん、様々な分類方法があります）。その他にもＢ－Ｇ（ベンダー・ゲシュタルト）テストのように器質的な発達や異常を見出せることのある検査もあります。

特にＷＩＳＣ－Ⅲは、学齢期に入ると検査可能になりますが（4～6歳ではＷＰＰＳＩ知能検査が用いられることがある）、知能を言語性と動作性に分け、各々がまた6項目か7項目の下位項目に分けられていて、知的能力、発達の歪み・バランスを知るために最適な検査法の一つです。そのバランスの傾向や検査時の様子などから、単純に能力を知るだけではなくて、対人関係や問題解決や表現のパターンなど情緒的な機能についても豊かに情報を与えてくれます。また、ロールシャッハテストは性格や情緒的な反応のパターンなどを知るための有益な検査で、精神障害が疑われる時に、病的な情緒的反応の有無を確認することもできます。ＳＣＴ文章完成法テストもパーソナリティーの把握や対人関係のあり方などを知るために有意義な検査です。

乳幼児の発達検査も豊富な種類が揃っています。親や乳児院の職員や保育園の保育士などが記載する質問紙法のＭＣＣベビーテストや、行動観察から発達を評価する質問紙ＫＩＤＳ乳幼児発達スケールや新版Ｋ式発達検査、遠城寺式乳幼児分析的発達検査法などが一般的なものです。社会生活指数を知る新版Ｓ－Ｍ社会生活能力検査は身辺自立、集団参加、自己統制などのプロフィールを明らかにしてくれます。

これ以外にも、言語面接や言語を使った検査は、言語性が未熟な子どもや言語表現が拙劣な子どもなどには困難な場合もあり、そんな時に使用される非言語的な検査法にも優れたものが数多くあります。本来性格・人格テストに分類されますが、バウムテスト、人物画テスト、ＨＴＰ、風景構成法などの描画テストなどがその代表として挙げられます。遊戯療法や箱庭療法などは、本来治療技法ではあるのでしょうが、子どもの非言語的な情緒表現の理解に大きく寄与してくれます。親子関係を客観的に把握するための心理テストも数多く作られています。私たちも母親のグループ治療の治療成果を判定するために、ＴＫ式診断的新親子関係検査を利用していました。

これらの検査は、非常に優れた検査法ではありますが、あくまでも客観性を高めるための道具の一つと捉えるべきです。また、心理テストの結果は、日常生活や学校生活などにおける子どもの行動や反応の特徴に結びつけることがなければあまり意味がありません。すなわち、心理テストから明らかになる子どもの発達のパターンはこのようですから、行動面にはこのような特徴が認められ、このような反応を起こしやすいなどという説明がされなくては、十分活用されたとは言いがたくなります。

最近は児童養護施設にも心理職員が配置されるようになってきました。日ごろの子どもたちへの対応を考えるにあたっては、心理テストの結果を他の職種の職員も十分共有し活用されるようにすべきです。また、児童相談所の職員が心理テストを行っている場合には、その結果が書面だけのやり取りに終わってしまってはいけません。日常の子どもの様子や行動と、心理テストなどの結果を照らし合わせて初めて情報は生きるのですから、必ずカンファランスや担当職員との情報交換の際には利用されるべきです。

チェックリストについて

「エビデンス」を重視する最近の風潮から、チェックリストの使用も一般的なものになっています。子どもの評価尺度では、Achenbachらによって開発されたChild Behavior Checklist（ＣＢＣＬ）はその代表的なもので、両親用・担任用・本人用と記入する者によって別なものが用意されて、年齢による違いにも対応しており、子どもの精神病理や社会的能力や適応能力などについて評価することができます。Conners' Rating Scales-Revised（ＣＲＳ－Ｒ）もやはり本人・家族・担任などの記載によるもので、子どもの性格傾向や社会性・衝動性など精神病理に関する幅広い評価をします。顕在性不安尺度（ＭＡＳ）、子どものトラウマ行動チェックリスト（ＡＣＢＬ－Ｒ）など、対象とする状態を絞り込んだものも幅広く使われているようです。その他食行動の問題の評価、解離や薬物依存の評価、行為障害の評価など、子どものあらゆる問題や傾向や病理に対して評価尺度が作られているといえます。

成人に対してはさらに多くの評価尺度が用意されています。うつ病の評価尺度であるベックうつ病尺度（ＢＤ

I）やハミルトンうつ病尺度、解離体験を評価する解離体験スケール（DES）、心的外傷の評価をする出来事インパクト尺度（IES－R）、摂食障害調査質問紙など特定の状態像や症状を評価するものが数多く開発されています。

しかし、繰り返して強調しますが、これらの尺度にのみ頼って診断を下すことは、不十分であり危険なことです。診断はあくまでも総合的なもので、様々な尺度はその参考の一つとすべきです。ただし、症状を見極める際の指標になる点、症状の変化を見極める際の指標になるという点においては、十分に役立つものであると思います。

医学的検査

身体医学的な検査も重要な役割をもっています。虐待事例におけるアザや外傷や火傷などのチェックは当然のことですが、さらに身長と体重の測定は必須項目です。虐待を受けた子どもの身体的発育の悪さは、愛情剝奪症候群、被虐待児症候群と言われていた時代から指摘されていましたし、食事などを十分与えられないネグレクトの子どもの状態をモニターする時にも体重変化は重要な項目の一つになります。身長が標準偏差－2SD以下の場合は、低身長の治療対象になりますので、その際には小児科受診は必須です。一時保護所入所時の健康診断では、身長・体重以外に既往歴と予防接種の既往、家族の肝炎や結核の罹患などの診察項目を挙げています。医者のチェックすべき項目としては、口腔、眼球・眼瞼結膜、頸部リンパ節、聴診（心臓、肺、消化器）、触診（腹部）に加え、皮膚の状態と外傷の有無のチェックを行います。口腔内の観察からは、歯磨きや虫歯の状態などが把握でき、皮膚の状態からはアトピー性皮膚炎などの処置の様子や清潔保持の度合いなどが観察できて、ネグレクトの状態を判断するのに役立ちます。

虐待と夜尿の関連もありえることです。学齢期以降の女子の夜尿については性虐待の可能性も考えなくてはなりません。男子の場合は小学校高学年あたりまで続く子も珍しくありませんが、集団生活の中で夜尿を揶揄されて、自己評価を低下させることもありますので、小児科受診をさせ治療を行うことも考慮すべきです。入眠中に発作を起こし尿失禁している場合もあるため、夜尿とてんかんとの関係も視野に入れます。尿失禁や夜驚が長く続く場合は幼児であっても、夜間にひきつけ（けいれん）がないか観察する必要があります。脳波検査についてはてんかん波の有無のチェックが主たる目的です。チックの鑑別診断のために脳波検査を施行することもあります。

性虐待を疑われて来所してきた場合には婦人科の検査も必要になります。妊娠の有無をチェックするのは、市販の検査キットでも可能になりましたが、正確を期すためには婦人科で診察を受けるべきです。また性感染症のチェックも必要で、横浜市では4児童相談所共通の検査項目を定めています。すなわち膣培養検査は一般細菌、淋病、クラミジア、カンジダ、血液検査ではＨＩＶ、Ｂ・Ｃ型肝炎、梅毒、尿検査による妊娠反応検査を婦人科でお願いするようにしています。原則全例に対して行うことにしていますが、思春期の女子が対象であることが圧倒的に多いため、検査の目的や様子を十分説明したうえで、本人の意思を確認して施行しており、無理強いは決してあってはいけません。

精神科医の診察も必要に応じて行います。児童福祉法28条申し立てのためには、原則的に児童相談所の常勤（児童精神科）医の意見書も提出しますが、外部の医師の意見書や診断書も必要となるため、外部精神科医療機関の利用も進めています。さらに、横浜市では児童相談所で薬物を処方できない体制のため、睡眠障害や著しい多動や暴力などが認められる場合には、精神科受診も積極的に行っています。

家族など成人に対しても可能であれば身体的な検査をしたいと思う時があります。甲状腺の疾患は精神障害と近似の症状を見せることがあります。てんかん発作を起こしていることを疑わせるエピソードを語る親もいます。心身症を疑わせる訴えのある親に対して、支援の一環として、内科や婦人科などの診療科を紹介することもありました。もちろん、相手が望んだ時の話ではありますが、親へのサービスの一つとして、その結果子どもの置かれている環境や状況が多少なりとも改善するならば、進めてよい支援だと思います。

その他の留意点

筆者ももちろんそうでしたが、若いころは診断や治療において、技法やマニュアルやチェックリストなどに頼りたいと感じてしまいがちです。種々の心理テストや評価尺度には多くの蓄積が基にあり、信頼度の高いものもあり、いわば先達の知恵の結晶とも言えるものも多く、敬意を払わなければいけないものとは思います。しかし、道具は常に使う人によって、使い方によって活かされるものです。チェックリストなどの項目のチェックだけに追われることで、全体の印象や雰囲気などを見落として「木を見て森を見ざる」ことになっては意味がありません。心理テストの結果に引きずられて、目の前の子どもの姿や行動の観察が歪められてもいけません。自分の目で観察をして、気づいたことの中から自分なりの指標を設定して、その変化を追跡するなどもアナログ的ではありますが、大切な作業です。これらを寄せ集めて統合して判断することが最も正確に相手を評価することにつながります。

横浜市中央児童相談所では、再統合のプログラムの一環として、プレイルームで分離中の親子に一緒に過ごしてもらい、ワンウェイミラーで観察し、観察した内容や見いだされた問題点を親に伝える作業をしています。心理職に児童福祉司、時に児童精神科医が参加して、家族の様子について意見を出し合います。複数の職員で観察をして、気づいたことを出し合い議論する機会もできるだけ作るように心がけています。観察したことを報告し合うことは観察眼を広げることにつながりますし、何より意見を表現することで自分の考えがまとまっていきます。そのような機会を活用して自分の感性や観察力やプレゼンテーション能力を鍛えることも大切です。

5　情報をまとめる

かつて筆者が若かりしころ、自分の受け持った患者さんの生育歴や家族状況、投与した薬の内容などをほとんど記憶していて、患者さんから驚かれ嬉しがられたものでした。最近は記憶力がめっきり低下して、数時間前に面接をした内容もすっかり記憶から抜け落ちていることがあります。記録を見てやっと少し思い出し、あるいは顔を見て思い出し、かろうじて仕事をしています。

それでも、顔を見たときに、その人のテーマのようなものが蘇ってくることがあります。数ある情報の中から、自分で最も大切であると感じた情報が記憶に残っているということはまだ経験することができます。担当の児童福祉司に「～の人だったよね」などと聞いて記憶の正しさを確認します。ある有名な児童精神科医が、若い医者に対して、患者さんの特徴をひと言で表すよう指導されていたそうですが、大切なあるいは特徴的な情報を中心に事例の情報をまとめておくことは非常に大切なことだと思います。

かつて神奈川県立こども医療センターの研修医をしていたころに、先輩医師から、当時精神療育部部長をされていた平田一成先生のカルテを見て学ぶように言われました。平田先生御自身、視覚優位であると言われるように、面接場面の子どもの呼吸のあり様も思い描くことができるような名文で、また美しい文字で面接記録は記載されていました。もちろん、ドイツ精神医学を学ばれた先生なので、精神症状が詳細に記載されていたことは言うまでもありません。記録は他の職員が目を通すことが前提になります。字の乱暴な筆者の記録には各行に鉛筆で「解読」がされています。担当の児童福祉司が記載事項を読み取ろうと周りの職員に確認しながら解読しているようです。自分で治療を振り返るためということが記録（カルテ）の第一の目的であるとは思いますが、転勤などでも担当が代わることはありえますので、人が読むことを前提に内容は吟味され、文字も丁寧に書かれることが理想ではあります。

情報をまとめる

まずは集めた情報を記録します。前に述べたように、主訴、来所経路、家族歴（家族の状況、遺伝負因も）、生育歴・生活歴、現病歴（問題の経過）、初診時所見（主症状）、診断とその根拠、問題点のまとめと今後の方針、治療経過などと、筆者はできていませんが一定の形式に沿ってまとめると良いでしょう。そうすることで情報漏れ・記載漏れが少なくなります。さらにこの時に情報の振り分けをします。誰の言葉か、誰からの情報かということは明確にしておく必要があります。相談者自身が語ったことについては修飾の可能性もあり、配偶者が語ったものは時に自分に都合の良いことばかりといったことがあり、より確かな情報とそうでないものとを区別しなくてはいけません。今の状況や問題点に影響を与えているものとそうでないもの、今問題にすべきか先になって問題にすべきか、など判断しなければいけません。

ある程度情報がまとまったならば、次にその人の人生や状態像についてストーリーを作成します。安易な例ではありますが「その人は、乳児期に親の貧困が理由で、遠縁の子どものいない夫婦に養子に出されました。しばらくするとその夫婦に実子ができてしまい、その人に対する扱いは大きく変化しました。思春期に入って勝手をしていたころに、実子ではないことを母親（養母）から知らされ、自分の存在を大切に思えず死ぬことを考え、自傷行為をするようになりました。とにかく早く家を出たかったので中学時代から働き、高校は中退して稼いでひとり暮らしを始めました。そのころ最初の夫と出会い同棲するようになり、出産して籍を入れましたが、そのころから夫のＤＶが始まり、子どもを連れて逃げました。また働きながらひとりで子どもを育て、だからこそ一層人を頼らず自分で生きていこうと思うようになったと考えられます。そして子どもにも同じように強く生きることを望んだけれど、子どもにはその人のような能力の高さはなく、期待に応えることができませんでした。それで子どもはそんな問題をおこしてしまったのか、……」などと他者に説明することを想定してストーリーを組み立てていきます。このストーリーはあくまでも仮説ですから、面接を繰り返すにつれ、情報がさらに集まるにつれ修正していく必要があります。

慣れないうちは例として次頁の図に表したように、集めた情報を要素に分けて考えるように心がけるとよいと思います。若い職員には実際にこういった図を書くように指導することも良いかと思います。そしてやがて慣れてくると頭の中で図が描けるようになります。

筆者も若かりしころ先輩医師から時々作らされましたし、小児科病棟のコンサルテーションに関わっていたころは看護師さんに作成させましたが、年表を作ることもお勧めします。特に子どもの気分や行動の変化や子どもが揺さぶられやすい事柄を理解するためには、縦軸に年月日、横軸に子どもの状態や問題行動、子どもの行事や出来事、家族の行事や出来事、学校の問題などの項目を作り、記録から引き出した情報を時系列に沿って埋めていきます。子どもがどのようなエピソードに揺さぶられているかが明確になることが多いように思います。

このように、集めた情報を要素（引き出し）に分けて、個々の要素の問題点をまとめて見ます。これはチェックリストの考え方に似ているかもしれません。チェックリストの項目を埋めることで、最低限網羅すべき情報を見落とすことなく集めようとすることに近くなります。この項目は各人が考えて工夫するものであると思います

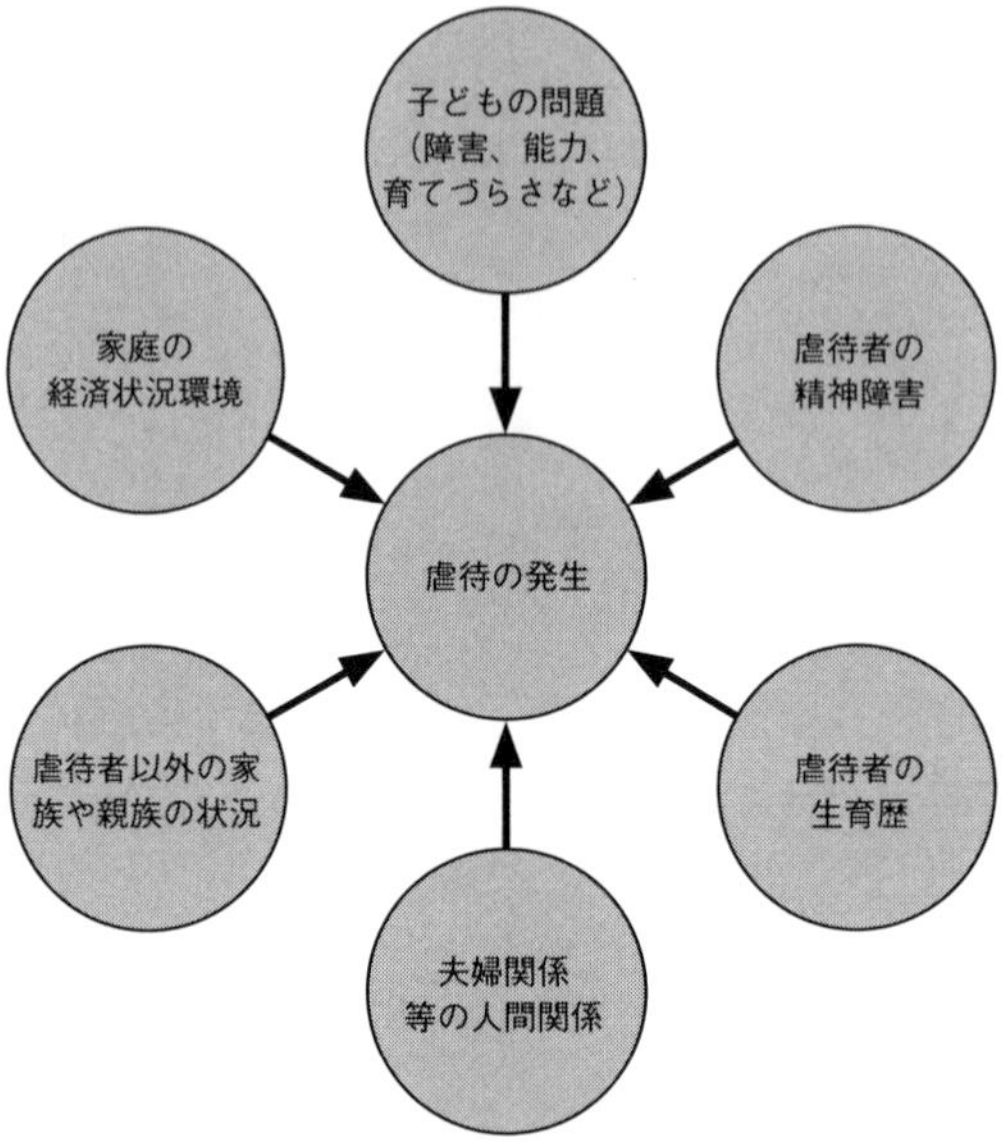

が、参考までに虐待発生の背景を理解するために必要と考えられる要素を挙げておきました。精神障害の有無と状態、生育歴における問題、親との関係、対人関係パターン、自己イメージ、（知的、問題解決）能力、生活環境、子どもの行動等の問題、異性関係・交友関係などの要素について考えることができればかなり十分であろうと思います。それらの分類した情報を最後にまとめ上げてストーリーを形作っていきます。

記録する

情報を記録する目的はいくつかあります。まずは情報の蓄積をし、それを職場や関係機関の人々に伝達する目的があります。次に記録をすることで自分の面接を振り返り、情報を整理することができます。それによってストーリーを作成し、客観性をより高めるための材料にします。そして蓄積された記録は、変化や成長や失敗などの経過を追い、治療や支援の経過の振り返りを行うための材料になります。

さらに、時には自己防衛のための道具にもなります。面接で話したことに攻撃的に反応してしまう利用者も珍しくはありません。「言った」「言わない」ともめてしまい、挙げ句の果てには「訴えてやる」と捨て台詞を吐かれてしまうこともあります。そういう事態にも対応するためには、面接の記録はきちんと取り、しかもできるだけ逐語で記録することが望ましいことです。最近は情報公開も進んできており、自分の記録が情報公開の対象にならないとも限りません。記載内容についての注意事項として、たとえば暴力団関係の父親について「やーさん」など、飲食関係とすべきところを「水商売」、風俗関係を「デリヘル」などと記載してはいけません。略語も極力避けるべきです。また、目についてはまずいと思われる部分については別紙に記載しておくなどの配慮も、本来はすべきではありませんが、必要な時もあります。正確に記録することが第一ではありますが、自己防衛という側面も忘れないようにします。

記録に際しては専門用語を駆使するよりも、簡単な言葉で、しかも具体的に書くことが大切です。相手が話した内容やニュアンスをそのままの言葉で記録しておきます。「抑うつ状態に陥っている」という言葉で表すよりも「何もやる気がおきなくて、夜も眠れず、生きていても仕方ないように思える」と記載したほうが読む人にとってはより正確に豊かに情報を得ることができます。専門用語は時にひとり歩きをしてしまいます。

アセスメントを活用する

アセスメントを進めてきたら、次にはそれを仲間に伝える作業をします。医者は児童心理司や児童福祉司や保育士などに、記録を通じて、または口頭でその段階で把握したアセスメントを伝えます。ここでも全てを伝えるということではなくて、その職種・職員に必要な部分を伝えるようにします。他の職員の役割を良く理解していれば、その職員が何を知りたがっているか、その職員に何を伝えるべきか、ということが明らかになります。情報はひとりで抱えていても十分生かされません。情報を関係者が共有する、アセスメントを共通のものとして共有することが支援の幅を広げる際には重要です。

横浜市立大学病院勤務時の上司であった竹内直樹先生に「評論家はいらない」と言われたことがあります。子どもの面接をして検査をして診断名や心理的特徴を分析し「この子は～という診断名で～という特徴があります」と解説してみたところでそれが日常生活に結びつかなければ何の意味もないということでしょうか。では何が必要かといえば、アセスメントに基づいて、やはり問題解決に向けての具体的な解決方法を示すことが必要だということです。

アセスメントをする際にまず知るべきことは、相手が何を求めていて、自分はその相手に何をすることができるかということです。医療の場合も同じですが、児童相談所など福祉機関の援助も、基本的には相手が必要と考えて求めてきたことに対して行われます。虐待の場合には、相手が求めてもいないのに介入することはありますが、介入後の援助はやはり相手にとっての必要性を判断したうえで行います。必要以上の援助は、依存的な関係に陥ることを促して、関係性も相手も支援者も崩しかねません。また、自分が全てを担う必要もありません。各々の関係機関の得意分野や限界を考えて、役割分担をすることも大切です。そのためにも自分のアセスメントを関係者に共有してもらう必要があります。

さらに重要なことは、虐待事例においては危険性のアセスメント、緊急性のアセスメントの二つのことです。子どもの置かれている環境や虐待による子どもの心身の影響は、様々な情報を得たうえで必ず評価されなくてはいけません。親の養育能力や攻撃性の強さ、精神状態などやそれらが今後改善する可能性があるかということも生活歴などから判断されなくてはなりません。緊急の一時保護や施設措置などによる親子分離も十分な情報を得たうえで本来判断されるべきことです。

アセスメントを相手に伝える

土居先生の趣旨とかけ離れてしまうかもしれませんが、アセスメントを相手に伝えること自体がアセスメントの一部分であるのは、アセスメントが非常に治療的で戦略的なことであるからだと考えます。また、アセスメントを伝えた時の反応そのものも、相手をアセスメントする材料にもなります。

たとえば「発達障害」の診断を親に伝える時に、伝える前に相手がその診断名をどう捉える可能性が高く、どう反応するか、またそれが子どもにどう影響しそうかということを考えなくてはいけません。懸命に子どもを育ててきたけれど、子どもの落ち着きのなさなどが改善せず、自分を散々責めている母親が目の前にいるならば「お子さんは発達障害があるからこのような状態で、決してあなたの育て方が悪いわけではありません」と答えるかもしれません。育てづらい子どもをさらにネグレクト状態にしている親にはそのようには伝えず「経験の少なさなどから、発達のバランスが悪いようです。これから大人の関わりを多くして、必要ならば心理の先生と定期的に会っていきましょう」と伝えるかもしれません。このように、同じ内容を伝える時にも、伝え方によって全く異なる説明の仕方をして、当然異なる伝わり方をしてしまうのですが、子どもや家族にとって肯定的な効果をもたらすよう配慮しなくてはなりません。それが治療的・戦略的ということであろうと思います。

次に「お子さんは発達障害……」と伝えた時の親の反応も様々です。「やっぱり」と気づいていた親はかなり冷静に受け止めてくれて、今後も養育態度に大きな変化はないだろうと予測できることもあるでしょう。「どうしてこうなったか」と原因ばかりを聞きたがる親は、問題解決能力が比較的低く、家庭での療育的関わりを十分には期待できないため、療育機関などのサービスを利用するよう働きかけます。アセスメントを伝えた時の反応からは、今後その親が子どもにどのように対応していきそうかということが予想できます。だから、その反応によって、用意すべき支援の形が異なると考えられます。

親自身に対するアセスメントについては、できるだけそのまま伝えるということが基本です。精神障害の有無、虐待の有無、生育歴の悲惨さ、再統合の可否の見通しなど、親にとっては不都合なことのように思える内容でも同様です。成人の多くは、重篤な精神障害の患者さんの多くも、自分の状態像や自分の矛盾点に気づいていることが多いように思います。さらに、歪めて伝えるとあるいは秘匿しておくと、方針決定の際に足かせになることが多いからです。いったん伝えたことの修正は非常に困難です。たとえば「虐待というほどではないですが」と伝えたあとでは、子どもの分離は説明がつきづらいものです。精神障害もすでに述べたように、伝え方にもよりますが、症状に着目すればそれを指摘することはそんなに怒りを買うことにはならないはずです。

第四章　親子の再統合を考える

1　なぜ再統合が必要か

筆者が児童相談所に勤務し始めた平成13年4月に、全国で初めて横浜市と大阪府で虐待ホットライン（虐待の通報や相談を24時間体制で受けつける電話相談体制）が開設され、それにともなって横浜市では子ども虐待初期対応のための専属の係（相談指導係：以下虐待対応チームとする）が誕生しました。虐待の早期発見・早期対応システムが動き出したわけです。それから2年半後の平成15年の全国児童相談所長会議において行われた、家族再統合をテーマにしたシンポジウムにシンポジストとして招かれました。その時に、東京都児童相談センターのセンター長を引退されていた上出弘之先生が控え室に挨拶に来られ「虐待もやっと出口までできましたか」との感想をいただきました。長く児童相談所に勤務され、子ども虐待につきあってこられた先生にとっては感無量であったようでした。

当時はまだ、家族再統合に関して横浜市が先進的であったためか、各地での再統合についての講演会などに呼ばれる機会があったのですが、終了後にベテランの児童福祉司などから「家族再統合ねえ」と懐疑的な眼差しを向けられることも4～5年前までは珍しくありませんでした。筆者が勤務している児童相談所でも、ベテランの児童福祉司が「ケースワーカーの仕事は、子どもを施設入所させると終わった気がする」と話すような状況でした。しかし、その後急速に家族再統合の必要性が認知されるようになり、露骨な眼差しを向けてきた某県のひとりの児童福祉司が、皮肉なことにいまや最先端の活動をする状況になっています。

厚生労働省も家族再統合推進の必要性を認めて、また、全国の児童相談所の取り組みの格差や支援力の格差などを埋めるために、厚生科学研究などを活用して家族再統合を推し進めるべく、後押しを本格的に始めているようです。それに応えてか、必要に迫られてか、再統合に向けた試みや工夫が各地でなされてきています。最近の傾向として、児童養護施設入所児童の90％以上には親がいるそうです。単純に考えれば、子どもには親がいるのだから、親や子がまたは親子がそれを望むならば、子どもを親元へ帰そうとすることは自然なことで、子どもにとっても家族再統合の機会を与えられることは当然の権利であるとも言えるかもしれません。その意味では当然なことに対して、やっと関心と労力と知恵が向けられるようになってきたと言えるのです。

家族再統合の必要性を考える

児童相談所の業務の規定の中には明確にされていませんが、最近は虐待をする親やそれを受けた子どもに対する治療を、児童相談所が行うことを求められる傾向が強まっています。そのため、児童養護施設に入所している子どもが様々な問題行動を起こした時には、施設に呼ばれてまたは担当児童福祉司に請われて子どもたちに関わることが頻回にあります。子どもたちは言語性や問題解決能力が未熟であるがゆえに、環境や状況などに揺さぶられやすい傾向があります。そのため、子どもたちの問題行動発生の背景を聞き出してみると、その一つに親との関係に揺さぶられていることが実に多いという事実に気づかされます。約束の面会日に親が連絡もなく現れなかった、面会日に家に帰りたい気持ちを伝えたけれど拒否されたなど、具体例は数多くあります。

また、乳児期から施設で育ったある女の子が施設で職員に反抗的で歯止めがきかなくなりました。そのため筆者も担当児童福祉司に施設に連れて行かれ関わり始めましたが、その後施設を卒園する時期になって、親に会いたいとさかんに言うようになりました。親が面会も住所を教えることも拒否していたため実現しませんでしたが、卒園してからも、就職に挫折しケガなどするたびに、親の居所を聞かせてくれと児童相談所職員に迫ってきました。会って話をすれば、もしかしたら自分を産んだ母親は、一緒に住むと言ってくれるかもしれない、保証人くらいにはなってくれるかもしれないという淡い期待を打ち消せずにいたようです。最近も卒園が近くなった男子が、外国籍で母国に帰ってしまった母親にわざわざ会いに行き、期待を裏切られて帰ってきました。その男子は次には日本人で、近隣に住んでいながら全く子どもに関与せず、ほとんど微かな記憶しか残っていない父親に会いに行ってしまいました。当然相手にされずに傷ついて帰ってきて、施設でしばらく治まっていた暴力をふるってしまいました。

子どもが施設から巣立とうとする時、子どもたちがもう一度自分の生い立ちや親のことに思いを巡らせることは決して珍しいことではありません。長く施設で育てられ、親との接触もほとんどない事例の多くは、このころに親に接触しようとして果たせず、期待を裏切られ傷つきます。子どもたちが親を求める切迫した気持ち、裏切られて打ちひしがれる姿は悲惨です。しかし、子どもが社会にひとりで旅立つには、どうしても自分と親の過去や関係などについてもう一度整理しなければ、次のステップに踏み出すことができないようです。家族との関係は子どもたちにとって、当然かもしれませんが日々切り離せない重大な問題のようです。

そういった姿を見るにつけ、早い段階で、少なくとも一度はどの子にも家庭復帰の可能性を探り、試みる機会を持たせるべきだということを強く感じます。子どもを取り巻く大人たちがそういった努力を子どもに見せることも大切なことです。結果として子どもが望む形にならなかったとしても、子どもが自分の気持ちを整理してその後を生きていく糧にはなるはずです。児童養護施設が不足しているという事情も背景にはありますが、家族再統合を可能な限り推し進めるべき理由はこういったところにもあると思います。

そもそも、児童憲章には「すべての児童は、家庭で、正しい愛情と知識と技術をもって育てられ、（後略）」とあり、児童の権利に関する条約（子どもの権利条約）には以下のことが書かれています。第9条（親からの分離禁止と分離の手続き）「締約国は、児童が父母の意志に反してその父母から分離されないことを確保する。（中略）権限のある当局が（中略）適用のある法律及び手続きに従いその分離が児童の最善の利益のために必要であると決定する場合は、この限りではない。（後略）」すなわち、私たち「当局」は、子どもの親からの分離には細心の配慮や手続きを要して、子どもができるだけ家庭で過ごすための努力をしなくてはならないのです。

もちろん、やみくもに全ての事例に家族再統合を進めるわけにはいきません。性虐待など時には家庭引き取りが厳禁となる場合もあります。あくまでも子どもの気持ちと安全を優先した再統合の試みがなされるべきではあります。

家族再統合の定義

家族再統合は、米国における「Family Reunification」の直訳としてわが国に導入された言葉のようです。米国でも子どもを家に帰すことを指してはいるようですが、Reunificationという言葉は、本来子どもの家庭復帰を目指すという狭い目的を表す言葉ではないようです。

ちなみに、横浜市の再統合チームでは、家庭復帰（同居）を目指した狭義のものを家族再統合と定義して、家庭復帰に至らない家族関係の再構築、すなわち広義の家族再統合は再統合としていません。両者を併せて「家庭支援」としています。神奈川県、川崎市、横須賀市の4県市のガイドラインでも、家庭復帰を家族再統合としています。

ある母親は、虐待を加えて施設に預けた子どもと面会や外泊を繰り返して着実に関係を再構築していきました。約10年が経過した時に、子どもの写真をやっとアルバムに整理できたと報告してくれました。しかし、ビデオテープは、音声も聞こえてあまりに生々しく、虐待をしていたころの記憶が蘇りそうでいまだにどうしても整理できないということでした。周囲は当然家庭復帰可能と判断したにもかかわらず、母親は一緒に暮らす自信がないと言い、家庭復帰には至りませんでした。施設卒園と同時に子どもは地方の大学に合格し、下宿を探す時には一緒に一週間近く宿に寝泊りし、帰ってきた後に、ふたりで過ごした様子を母親は楽しそうに報告してくれました。当然学費や生活費は親が出します。夏休みなどの帰省時には、できるだけ滞在期間は短くする工夫をしつつ、受け入れていくつもりだと語ってくれました。このように同居に至らないまでも関係性を reunify することも再統合と考えるべきだと思います。家庭復帰に至らない場合も、こういった関係性の再構築に対して努力することも家族再統合の試みといえます。

子どもにとって最悪の事態は、施設と家庭を何度も行ったり来たりすることです。家に帰れる時に嬉しそうな表情をしていた子どもが、何度か出入りを繰り返していくうちに、家に帰れる時ですら無感動で不安そうな表情しか見せなくなることがあります。期待と裏切りや失望の繰り返しは間違いなく子どものこころを傷つけます。それでも私たちが最終的な目標にしているのは、やはり子どもを家庭に戻すことです。その狭い定義での家族再統合を進めていく時には、先を見通す努力をし、細心の注意払っても払いすぎるということはありません。こういったことを考えると、家庭復帰を実現するということは、単に家庭に子どもを帰すということではなく、子どもの安全を確認して、子どもが安心して家庭で過ごせるよう、可能な限り環境を整えるということが当然含まれるはずです。

2　家族再統合に向けた様々な取り組み

筆者が児童相談所勤務を始めたころ、ベテランの児童福祉司が雑談の中で、家族再統合について「施設に入ってから2年以内に帰せなければ、子どもを家庭に帰すのは無理」と述べていました。同じころ、市内の児童養護施設長のひとりも「家庭に帰すには2年が限度、それ以上経つと、親の気持ちが離れてしまう」と同じような内容の意見を語ってくれました。それらの意見を聞いて、家族再統合には二つの事柄を考えなくてはならないと思い至りました。すなわち、施設措置が長期にならないように、再統合の試みは介入後早期から始められるべきであること、もう一つは長期入所児童を家庭に帰すための方法論を考えなくてはいけないということでした。

ところが、当時（平成13年度）の横浜市中央児童相談所では、対象人口１００万人以上に対して地区担当の児童福祉司は8名（係長1名を除く）しかおらず、ひとりの児童福祉司が１００例以上を担当している状況でした。単純計算すると、頑張って1日5例面接または家庭訪問をしても、一例あたり20日に1回、すなわち1カ月に1回会うのが精一杯になるだけ、という多くの事例を児童福祉司は担当していたことになります。さらに新たな虐待事例を次々と担当させられる状況下で、家庭訪問し親の状況を確認して意思を確かめ記録を書き、その上施設を訪問して子どもの様子を見て子どもの意思を確認してきなさいと言える状況ではありませんでした。家族再統合など夢物語で、現に再統合について所内で啓発を進め始めたころには、一部の、特にベテラン児童福祉司たちは新たな業務負担と考えて抵抗する姿勢を見せていました。

これらの問題を軽減するためには、現在全てを整えることができているわけではありませんが、虐待対応チームにも再統合の視点を持ってもらい地区担当に担当換えするときには再統合の可否の方向性が議論されること、初期介入の時から再統合の可否を判断するためのチェックリストが必要であること、再統合を専門にするスタッフを養成すること、再統合について周知を図るべく研修や講演などを行うこと、先進的な試みを知ることなどが必要と考えました。

横浜市における取り組み

子どもたちにとって再統合は必要であるということに加えて、家族再統合を進めなければならない行政的な事情も明らかになっていました。それは今でも都市部においては共通の問題ですが、児童福祉施設の定員の圧倒的な不足ということでした。子ども虐待の増加にともなって（子ども虐待の防止等に関する法律などの制定のため、早期発見と通告が義務化されたことにもよるが）子どもを家庭から分離せざるをえない事例が急増し、家庭へ帰す方法の開発も全くの手つかずに近い状況で、施設入所期間が長くなり施設の回転が悪くなるという悪循環に喘ぐようになっていました。さらに当市では、先に述べたように平成13年度には虐待ホットラインの開設と、虐待対応チームの新設によって、新規虐待把握件数がさらに急激に増加したことも追い打ちをかけました。

そのため横浜市では、筆者の前任の常勤精神科医や心理職員が中心となって、平成13年にこれも全国に先駆けて『子ども虐待　家族支援のためのチェックリストとプログラム作成マニュアル』を完成させました。家族支援のためのチェックリスト、再統合プログラムの作成、その実際の3部から成り立っており、全国の児童相談所に提供されました。その目的は、虐待事例の的確な状態評価を行い、家族の再接触や引き取りに際して、虐待の再発を最小限にとどめることでした。さらに、専攻職採用者が次々と定年を迎え、若い児童福祉司が職員の大半を占めるようになり、職員の力量の差が大きくなったため、対応をある程度統一する目的もあったようです。

実際にこのマニュアルを利用して、家族再統合を推し進めていこうとすると、次には前項で示したような、業務負担の高まり・人材不足という問題が明確になってきました。そのため、家族再統合のための人員の確保が急務となり、家族再統合を児童相談所の新規事業、重点推進課題とすることで、平成16年度に中央児童相談所に家庭支援係（以下再統合チームとする）が新設され、係長1名（実際は地区担当の係長も兼務している）、係員1名が配属されました。

同年度には、その再統合チーム員が中心となり、常勤児童精神科医（筆者）、児童心理司、地区担当児童福祉司、一時保護所職員からなる家族再統合プロジェクトチームが招集されました。横浜市所管の児童養護施設と乳児院にアンケート調査を実施し、施設入所期間と各事例が有する背景との関連を調べること、全国で先駆的に家族再統合に取り組んでいる児童相談所の取り組み状況やシステムを調査することから、チームの活動が開始されました。その調査研究の成果は岩田らによってまとめられ、日本子ども虐待防止学会で発表され、『子どもの虐待とネグレクト（第8巻1号）』に掲載されました。これらの結果、翌17年度には当時の他の2カ所の児童相談所にも再統合チームが新設され（係長1名、係員1名）、4児童相談所体制になった平成19年度からは、4児童相談所全てに家族再統合チームが設置されるに至りました。平成17年度以降には、再統合のための保護者用ハンドブック『ご家族のいい出会いと再出発のためのプログラム』（再統合プログラムの内容、日程、中止の要件等が記載されたハンドブック）の作成、親子の状態に対するアセスメントシート作成、乳幼児と親の関係性の評価の専門性を高める研修事業、児童養護施設入所児童の家族再統合の可能性の洗い直しなどを実行してきました。

現在のチームの主な役割は、家族再統合事例の全例に関わるのではなく、施設入所中の子どもに対して行うスクリーニングの結果再統合可能と判断された事例と、担当児童福祉司から依頼のあった事例に対して関わることです。再統合の可否などについて施設と意見不一致が認められる事例、精神障害や知的障害などによって何らかの養育能力の問題が親に認められる事例などを中心に、担当児童福祉司とともに家族や状況を評価し、プログラムを作成・実行することと、再統合プログラムの進行管理をおこなうことです。担当児童福祉司に比較して事例との距離を取れるため、より客観的な評価をしやすいという利点があります。また、家族に対してプログラムの延期や中止を伝えるなど、困難場面においては担当児童福祉司との役割分担も可能になります。この作業はもちろん再統合事例全部に必要なことですが、地区担当も兼務しながらでは現実的には限度があります。

また、現在は再統合のためのフローチャートが作られ、それに従って再統合が進められています。はじめに、児童養護施設など入所中の子どもに対してスクリーニングシートを用いて再統合の可能性を把握します。それによって再統合の可能性のある子どもが施設で埋没してしまわないようにします。再統合の可能性があると判断されると、担当児童福祉司の判断はもちろん尊重しつつ、アセスメントシートを用いて子どもと家庭を評価し、子ども本人と家族の意思や施設職員の意見などを確認していきます。そこで意思が確認されて条件が整えば、プログラムが開始されます。施設との話し合いだけではなく、地域との連携についても徐々に再統合チームと担当児童福祉司が共同して形作っていきます。

再統合の作業は、子ども－家族－施設－地域と、配慮すべき範囲も広く、総合的な視点も求められるため、担当の係員は地区担当などを経験した中堅の児童福祉司を配置しています。直接の担当を持たない（実際は少数の事例は担当している）ことへの不満は再統合チーム員から聞くことがありますが、中堅職員の力をさらに高める機会にもなっています。

各地における取り組み

対応チームの調査とその後の情報で確認していることだけをここでは述べます。平成16年度の調査（東京都児童相談センター、神奈川県中央、神奈川県相模原、大阪府寝屋川、静岡県中央）の段階では、東京都のように治療部門が独立しており、そこが再統合の手助けをするシステム、神奈川県のように、専門チームが各児童相談所を巡回して家族再統合についての助言を行い再統合システムを専属で確立するシステム、もう一つは横浜市のように担当職員と一緒に事例にあたるシステムと、3種類の在り方が存在していることが把握されました。

横浜市のチェックリストが作成されて、全国の児童相談所に配布されたのを機に、神奈川県や愛知県、東京都などにおいて、次々と改訂または独自の家族再統合のためのチェックリストが作られました。その後それらを基に厚生労働省も全国共通のチェックリストの作成に動き出しました。

現在、家族再統合に向けての様々な工夫が各児童相談所等で行われています。東京都では、再統合後の虐待による死亡事例の分析を基に独自のチェックリスト（現在最も優れたチェックリストだと思います）を作成し、再統合のための方法論として、ファミリー・ジョイント・グループと銘打った、父親グループや母親グループ、親子グループを外部機関にも委託して実行しています。ペアレント・トレーニングやロールプレイ、親子が参加する様々な行事などを行いながら、親の自己コントロール力を高め、親子の関係を深めているようです。

神奈川県の家族再統合（家族支援）のシステムが、多様な方法論を取り入れて非常に構造化され、現在本邦ではもっとも先進的であると思います。ここでは、神奈川県がまとめた冊子『「子ども虐待」への家族支援』と筆者が勤める児童相談所の家庭支援担当者が聞き取った内容から簡単に紹介します。この冊子では「虐待対応の変遷」「虐待の告知」「家族への支援プランの提示」「家族と関係性のアセスメント」「支援プログラム」の章で構成され、チェックリストや事例も散りばめながら具体的な言葉かけのあり方までが述べられています。支援の方法としても「親と子のふれあい講座」「コモンセンス　ペアレンティング」「ＭＹ　ＴＲＥＥペアレンツ・プログラム」「虐待防止教育プログラム」「親業トレーニング」などを取り入れており、事例によって選択ができるだけの多様な方法論が用意されているようです。この際の基本的な視点として「当事者参画」「当事者との協働」「親自身の当事者性・主体性の重視」「対等性」これらを実現するための「合同ミーティング」を挙げてまとめられています。いずれも親子の再統合を進めるにあたって重要な視点であると思います。

この他にも大阪府や愛知県なども独自のチェックリストや家族支援に関する研究や実践を進めており、方法も多様で詳細な情報が手元になく具体例を提示できませんが、全国の市区町村などでも様々な取り組みを始めているようです。

3　家族再統合に先立って

医者と患者さんやその家族と病気についての共通認識を持つことは実はかなり困難なことであると感じます。両者が有する病気や治療に関する知識に大きな差があることがそのことの大きな原因になっているようです。しかし、それ以上に大きく影響するのは、言葉を発する側と受け取る側が一つの言葉に対して同じ理解をすることの困難さ、すなわちコミュニケーションの難しさであるように思えます。

大学病院小児精神科に勤務していたころ、いわゆるコンサルテーション・リエゾン精神医療の担当をしていたため、小児科病棟で入院児童に心理的な問題が生じた際には、ほとんどの場合筆者が対応していました。入院している子どもたちは究極の受動的立場に置かれ、生命的な予後を含めて今後自分がどうなるかが全くわからず、不安に陥っています。そのため最初の対応は、小児科の医師から病気についての説明を子どもと家族に対して、筆者も同席してもう一度してもらうことでした。ところがその時に、小児科医の説明は多くの親にとっては理解が困難なものであることが多いという事実に気づかされます。筆者が親子に対して「今の説明で理解できましたか」と問うと、首を横に振ることが少なくありませんでした。小児科医は十分説明したと思っている一方で、それを聞いた親は十分な説明をされていないと感じてしまう事態が生じていました。

また、家族に与えるショックを少しでもやわらげようと、説明を曖昧にしたり婉曲的にしたりしてしまうと、説明すべき内容が十分伝わらないことになってしまいます。たとえば生命が危うい状態のときに「非常に危険な状態に陥る可能性があります」「最悪のことも予想せざるをえません」などと医師から説明された家族に「死んでしまうと言われたか」と聞くと、そんな風には言われていないと答える家族も多いのですが、医師は十分に伝えたつもりでいたりします。人に言葉で伝えることの難しさをつくづく感じさせられました。

再統合は初期対応から

再統合の可否は初期対応時の虐待の告知のあり方や、職員と家族や本人との関係性などの影響を強く受けることがあり、家族再統合は初期対応の時からすでに始まっていると言えます。前述のごとく、「虐待」について、虐待者やその家族と児童相談所とが共通の理解を持てるか否かという点がまずは重要です。親が殴ったり蹴ったりしたという事実を認めたことで、職員は虐待を認めたと理解してしまう一方で、虐待者は後にそれはしつけであり子どものためにしたことであり、決して虐待ではないと言い張るようなことはよくある話です。初期対応においては、そのような「虐待だ」「虐待ではない」というやりとりに追われてしまうこともありがちですが、本来背景の問題点や虐待者・家族が困っていること、うまくいっていないことなど、虐待者が背負っている虐待の原因となりうる要因を聞き出し、探り出し、共有し、支援の糸口を探ることが目標であるべきです。

この目的を達成するためには、その家庭や親（虐待者）が困っていることを職員が一つでも把握して共有できるか、評価できる部分を見いだして家事や養育に関して一つでもきちんとやれていて「頑張ってきちんとやれている」と伝えられか、ということもその後の関係性に大きく影響します。虐待の告知が、「あなたのやっていることは虐待です」との伝達だけに終わってしまうと、相手を否定するだけになってしまいます。この時に第二章で述べた「虐待者は加害者である一方で被害者でもある」との視点を持って、虐待者と向かい合い、話を聞き、評価できる部分を探し出す姿勢が大切です。ある事例では片づけができず「ごみ屋敷」と化した部屋で幼児を育てていて通報されてきました。確かに家事能力の低さはありましたが、子どもは反応も良く十分に成長していました。子どもの成長や養育の成果を評価したうえで、家事の問題に触れることをしてその問題の認識は円滑になりました。この段階で良好な関係構築に挫折し敵対関係になると、再統合がより困難になります。敵対関係は必ずしも負の意味ばかりではなく、問題点をあぶり出し関係性を構築していくためにはむしろ意味があるともいえますが、時間と労力の合理性から考えると望ましくはありません。協力体制が取れた場合のほうが相手を傷つけずかつ職員も傷つかず楽にことを進めることができます。

次に、家族再統合の見通しも初期の段階で立てられるだけ立てておくべきです。少なくとも、一時保護だけで帰せるのか、施設入所は必要だが数年以内に再統合が可能か、それとも非常に困難かなどの予想は可能だと思います。再統合可能であると予測できる事例に関しては、一時保護前にも後にも再統合が目標であることを家族にも伝えます。伝えたうえで、保護の間の家族の目標と子どもの目標を考えてもらいます。

初期対応の際に虐待の告知が困難な事例もやはり存在します。例としては、虐待と判断する根拠が曖昧な場合、告知をすることで虐待者が追い込まれより攻撃的になり子どもがさらに危険な状況に陥るような場合、告知する職員が危険にさらされる可能性がある場合、虐待者の状態が著しく悪く（たとえば重篤なうつ状態などで）、告知によって病状の悪化や自殺などが危惧されるか理解が困難である場合などが挙げられます。これらの事例において、告知をためらわれた理由はそのままその家庭の、あるいは虐待者の抱えている問題点であると考えられます。その意味でこれらの事例では当然再統合は慎重に進めるべきで、それらの問題点は再統合を進める際の障害にもなるため、問題分析をし、それを整理し軽減していくことが再統合に先立って十分に行われなくてはいけません。このような判断は初期対応のころにはすでにかなりの部分は可能であり、家族再統合は分離の時にはすでに進行し始めている、あるいは家族再統合までに踏まなくてはいけないステップの大半はこの時までに踏まれていると考えられます。

親子分離の背景や経過を振り返る

再統合の可否を判断する際に最も大切なことの一つは、親（虐待者）が虐待の存在を認めて必要な支援を求めるようになっているか否かということと分離に至った理由や経過を十分理解しているか否かということかもしれません。虐待が発生するに至った虐待者の人生や生活や状況を冷静に振り返り、支援を受けても解決されない問題点がどこにあるのかなどを考え、児童相談所などの職員にそれらを開示して解決へ歩み出す姿勢が必要です。

介入後の支援の結果やむをえず親子分離に至りますが、ほとんどの分離事例では、分離に至るまでに可能な限りの支援をし工夫をしていることと思います。それにもかかわらず分離に至るにはそれ相応の事情や背景が存在しています。施設措置をする際には、改めてこの分離の理由が親と子と職員に共有されなければいけません。虐待ゆえにということは必須ですが、それ以外にも子どもが恐怖心を抱いているがゆえに、養育能力が低いゆえに、精神障害ゆえになど、その理由を明確にしておかなくてはなりません。さらに、施設入所中の各々の目標も明確にして共有すべきです。介入から支援の経過とその結果を家族と共に整理します。問題点を明確にすることは目標を明確にすることにもなり、理由や目標が明確であれば分離による心理的負担も軽減できますし、再統合の意欲も高まりますし、再統合をいったん休止したり中止したりの判断を児童相談所が主導権を握って行い、それを家族に納得してもらいやすくなります。

それでも虐待の事実や、慣れ親しんでしまった家族関係や生活パターンなどに問題を見いだしそれを否定的に見つめることや、さらに「現状の自分たちには子どもを育てられない」「現状では自分は家にいられない」と覚悟することは、誰にとっても大変な作業です。それゆえ、そのことをなかなか理解できない、あるいは認めようとしない事例がたくさんあって、その時には最終的には児童福祉法第28条によって、家庭裁判所の判断を仰がなくてはならないことは仕方ないことかもしれません。子どもにとっては酷であり、危険なこともありますが、28条の条件が揃うまでは特に子どもの覚悟が形成されるまでは、何度かの帰宅・再保護を繰り返さざるをえないこともあります。その間に、できるだけ問題を明確にしてその理解を進めて、分離の覚悟やその間の治療などの覚悟を強めるよう努めることもあります。

いずれにせよ、虐待が何ゆえ発生したか、問題点はどこにあるか、虐待が再発しないために何をすべきかを親と職員が考える作業は必要です。危険性がどこにあったのか、養育環境のどこに問題があったのか、特にそのことが子どもにどのような影響を与えてしまっていたか、などを振り返る作業をします。それができなければ再統合に向けての準備を始めるわけにはいきません。また、この時にも単純に現在の状況のみに関心を向けるだけではなく、虐待者やその家族、親子関係などの歴史を振り返り、その歴史の結果虐待が発生していることや、その虐待者や家族や親子関係が良好であった時期や健康的な部分にも目を向けるべきです。良好であった歴史は今後の支援の参考になりますし、健康的な部分は活用できるからです。

さらにこの問題点の理解や目標は本来、施設入所時に児童相談所から児童福祉施設に渡される児童記録票にも記載されるべきですし、入所のためのカンファレンスの時にも報告され、入所後の児童自立支援計画にも反映されるべきです。そのことで、家族・子ども－児童相談所－児童福祉施設が、問題点と目標の共有化をできるはずです。さらに大切なことは、自立支援計画や再統合プログラムを作成する際にも修正する際にも、家族も何らかの形で参加すべきであるということです。多くの場合、分離は親子にとって受動的なことであるため、本人や家族が能動的に目標設定に関わることは、家族の問題意識を高め、再統合への動機づけや意欲を高めることになります。自らも参加して交わした約束は当然重みを持つことにもなります。そのため現在は、児童相談所では作成した再統合プログラムを叩き台に、家族と一緒に話し合いながら、プログラムを作成し修正しつつ進めるようにしています。

子どもの気持ちの整理と準備

子どもが家を離れて一時保護所や施設で暮らすようになるということが、それまでの子どもの生活を根こそぎ奪うことにほかならないということは第一章でも述べました、その際に、いかに適応能力の高い子どもであっても、新たな環境に慣れることや、生活のほとんど全てを一緒にする新たな人々と関係を作っていく作業は大変なものになります。ましてや虐待を受け、あるいは十分な養育を受けておらず、大人に対して不信感を抱き、人に対して安心感を持てない子どもにとってはなおさらかもしれません。また、多くの子どもにとっては大人の都合で、大人の意思で施設に送られたのです。仮にそこに自分の意思が反映されたとしても、それはかなり狭い選択肢の中からやむをえず選択したのであり、そのような意思決定をしなくてはいけない状況に置かれていたこと自体も、すでに子どもにとっては受動的であったといえます。そのため入所当初は様々な心理的反応があることは（多くの子どもは過剰適応しようとする）当然といえますし、この時期に今後の見通しや希望を聞きだそうとすることは意味がないかもしれません。

そもそも子どもたちは施設に入った理由をどのように理解し、施設入所の意味をどのように捉えているのか考えてみます。もちろん子どもの思いは様々で個別的なものではありますが、最も一般的と考えられるものを挙げてみます。まず、親から捨てられたという思い、親から必要とされなくなったとの思い、自分は「悪い子」だから罰を受けているとの思い、このまま一生施設に放置されてしまうのではないかとの思いなどは、どの子もある程度は抱いているのではないでしょうか。まさに「見捨てられたかもしれない」絶望感と不安と恐怖と先行きの見えなさを抱えての入所です。自分を虐待した母親の内縁の夫（以下内夫とする）や養父などが家に残り母親と過ごしているような場合や、きょうだいで自分だけが施設に入れられてしまったような場合ではさらに傷つきは大きいと推察されます。もちろん仮の住居に短期間入るだけなどと軽い気持ちで入所してきたかのように語り振る舞う子もいるでしょうが、これも大きな不安と絶望感を打ち消そうと懸命に防衛している姿と考えるべきです。

これらの子どもたちの思いを軽減しなければ、子どもたちは自分の未来に思いをめぐらすことはできないでしょうし、冷静な判断も下せないかもしれません。入所前はもちろんのこと、入所後にも児童相談所の担当福祉司と施設の担当者は一致協力して入所の理由を十分に、事実にできるだけ沿って機会あるごとに子どもに説明しなくてはいけません。ほとんどの場合は親の問題に由来しての入所ですから、子どもが「悪い子」であったからではないこと、親が何ゆえ手元に置けなかったかなどを説明して、決して捨てられたわけではないことなどを何度も伝えます（むしろ捨てられたと伝えて今後を考えさせる必要のある場合も時々ありますが）。いつまで施設にいなくてはならないか、どういう状態に親がなったら帰れるのかなどの施設生活の見通しについても可能な限り説明します。

処遇困難な家庭であればあるほど、子どもが家庭で担っていた役割が大きいことが想像できます。虐待を受けて施設に入ってきた子どもは、実は親が生きていくために、家庭や夫婦関係を維持するために沢山の役割をこなしてきているはずです。親に対して親のように面倒をみて、情緒的に支えてきて、自分の感情や思いを殺して、親の表情や状態に合わせて生活することに慣らされてきた子どもたちがいます。きょうだいでその子だけが虐待を受けていたならば、たぶんその子が最も真摯に親の相手をしていた子かもしれないのです。しかし、親から感謝されることもなく、逆に施設に入れられてしまったのです。その役割を果たしてきたこと、優しさなどに対して私たちが十分労ってあげることも大切です。

能動的に自分に関わることは、こころの傷を癒すためには非常に大切ですから、子ども自身の努力目標も提示すべきです。当面の努力目標と長期的な目標との両方を持たせることが必要です。高校へは行くのか、どのような仕事をしたいのか、それ以前にどのような人に憧れてどのような人になりたいのかといったことも常に意識させなければ、場合によっては自活・自立することが困難になってしまいます。

入所後にある程度生活に慣れて落ち着いてきたら、次には親との関係を整理していくことが必要です。親を許すのか許さないのか、自分の現在や将来の生活の中で親との距離や親との関係をどのように位置づけるのか、親以外の家族、特に継父や継母などとの関係をどうするのかなどを整理していかなくてはなりません。親に対する感情表現や意思表示もできるようにならなければ、親子の関係性が真に安定するようにはなりません。このような作業は学童期の子どもだけのものではありません。幼児期になればすでに可能なことと思います。表現こそ言葉によるものではないかもしれませんが、乳児ですら行えることのようにも思います。

子どもが家庭に戻るということは、家庭だけではなくて、子どもがその地域で暮らすようになることでもあります。地域や学校についての気持ちも整理しておく必要があります。家に帰った時には元の在籍校に転校しなくてはなりません。地域での人間関係はほとんど希薄になっています。そのような地域で暮らすイメージも徐々に形作っていきます。さらに学習面の準備は必要です。学習の遅れは、クラスや学校など、子どもが本来過ごすべき場から子どもを排除してしまう一因となります。再統合を前提にした時（してなくても必要ですが）学習面への支援は重要です。

子どもの精神障害や問題行動は、第二章で述べたように子どもの家庭復帰の妨げになるので、治療を始めます。これらの作業を経て、子どもの絶望感、恐怖感、不安などを軽減して、親への思いを整理して、新たな目標を持ち歩み始めた後に、子どもの家庭復帰への意思を改めて確認できた時に、子どもの家族再統合の準備が初めて整ったと言えるのです。

親の気持ちと環境を整理する

親にとって子どもを施設に入れるということがどのような意味を持つかということを考えてみます。養育の挫折、または挫折の烙印を捺されたということは多くの親が感じているようです。自分には子どもを育てる資格がない、力がない、すなわち「親として失格」ということを公的機関から言い渡されたのですから、罪悪感や無力感、時には怒りなど複雑な感情が渦巻くことにもなります。自分なりに様々な工夫や努力をした結果であっても、それができなかった結果であっても、自分の力のなさを見せつけられることでもあります。

子どもがいなくなって自分の気持ちにどのような影響や変化があったかということも必ず振り返るべきです。子どもが自分にとってどのような存在であったか、自分が生きていくためにどのような役割を担っていてくれたか、淋しいという感情は湧き上がってきたか、ほっとしてしまったかなど、振り返ることで自分の行為の意味や虐待発生の背景や子どもへの思いなどを考えてもらいます。

子どもを他人の手に委ねていることも重い意味があるようです。自分の子どもが他人から食事を食べさせてもらい、お風呂に入れてもらい、他人になつくようになり、自分に対してよりも良い笑顔を施設の職員に向けることすらあるのです。虐待をした後ろめたさもあり、そのうえ手放した子どもが他人との関係を深めていくのですから、想像しただけでも悔しくて歯がゆいことだろうと思います。事例によっては、内夫や養継父母など虐待した者との生活を選んで、子どもを捨てたかもしれません。罪悪感を抱いて当然でしょう。そうなるとさらに複雑に自分を責め、あるいはそんな自分を救うために誰か（主に児童相談所など）を責めることもありえます。このような事例では、その内夫などと別れなければ再統合の可能性は小さいと考えるのが基本です。傷つけられた子どもがそのことを本当は許せるはずがありませんし、子ども中心に考え行動できなかったことは、その後の生活でも繰り返される可能性が大だからです。この時に「別れる」と子どもや職員に宣言してもなかなか実際には別れることができない場合が多いことにも注意を要します。そのような場合には子どもがその言葉に期待して裏切られてしまうことへの配慮が必要です。

生活の立て直しのために、自分の病気の治療のために、仕事を見つけるためになどと、自分を納得させられる理由を懸命に探し出そうとする親もいます。必要な入院はやむをえないことですが、その時に子どもを面倒見てくれる人が身近にいないことも、孤立した状況を表していて、親子での生活は決して安心できません。さらに、様々な努力をしてきたように思える親の場合にも、状況がより複雑であったがゆえの虐待や親子分離であったわけですから、その後首尾よく事態が進展しないことも十分考えられます。

一時保護所から、「強引な引き取り・面会要求」のある親の元へ帰した子どもは、6カ月以内に虐待が再発生して、保護所へ戻ってくる確率が有意に高いことを前述しました。子どもを帰してほしい、子どもに会いたいという気持ちは親として自然なものと思いますが、それを焦り強引に進めようとする姿は必ずしも愛情の豊かさを示すものではなくて、虐待を内省することなく自分のためにのみ動いている姿にほかなりません。子どもに今何が必要で、自分はそのためにどうしたら良いかという判断ができなければ、子どもと一緒に暮らしていくことはできません。

精神科医療の必要性の告知と治療もこの間に行われるべきです。子どもと暮らすために、それまでは拒否的であった精神科医療に向かうようになるとしたら、それは一つの好材料になります。安定した精神科医療は虐待の再発の可能性を低くしてくれますし、再統合後の重要な支えにもなります。依存症心性が強く、子どもの存在に頼ってきた傾向の強い虐待者には、ひとりで過ごせるようになることを分離の間の目標として提示します。職員に頼るようになる機会でもあります。この間に飲酒や異性に頼るようになっては再統合困難と考えざるをえません。

10年経ってやっと子どもの写真の整理ができ、ビデオの整理は子どもの姿があまりに生々しくてまだ手がつけられない事例を先に挙げました。施設への面会、外泊など繰り返して十分子どもとの関係も回復して、やっと写真の整理に辿り着いたのでした。虐待は本来このように虐待する側のこころにも大きな傷を長きにわたって与えるのです。親がその傷を癒し、こころの整理をつけるには十分な時間が本来必要なのかもしれません。これを乗り越えて施設の職員との信頼関係が築けるとしたら、これは親にとって次に述べる様々な治療以上に治療的なことかもしれません。虐待者の側から考えても、再統合には十分な時間と機会と慎重さが求められるのです。

様々な治療的関わり

再統合を進める前に、親も家族も治療すべきものはできるだけ治療しておくことも必要です。虐待者はもちろんのこと、被害児童にも多動・愛着障害・衝動性など、精神科治療や心理治療の対象になる問題が認められる場合には、少なくとも主治医や担当心理士をつけておくべきです。虐待者においては、うつ状態の改善、不安の軽減、依存症の軽減などが精神科治療の対象になります。完治する必要は全くなく、通院と服薬の安定、主治医との信頼関係が良好に保たれているかなどが重要です。

ほとんどの（全てと言いたいが、不可能な事例もある）虐待者やその家族は親子関係や自分の人生や生活を振り返り、整理することが必要であり、そのためにはＭＣＧなどのグループ治療、カウンセリング事業（一定回数までのカウンセリング料金を公的に全額負担する制度）などによる個別のカウンセリングなどの利用を勧めることがあります。生活場面における親子のコミュニケーション能力を高め、葛藤場面の回避方法などを身につけていくためには、ペアレント・トレーニングやロールプレイ、サインズ・オブ・セイフティ・アプローチなどの方法も有効かもしれません。保護者グループがあるなら、そこへの参加も非常に有効で、以前はそれへの参加を再統合のための条件の一つにしていた事例も何例かありました。

子どもに対しては、児童精神医学の専門家は全国的には少なく、なかなか専門医療機関で治療を受けさせることは難しいかもしれません。その場合には一般の精神科医で児童精神医学にも理解を示してくれる医者を探しだして受診させます。いずれにしても子どもの問題行動や精神症状の軽減は、再統合までの期間を短くして再統合後の生活の安定に欠かせないものです。学校場面への適応が良好でない場合には、学校カウンセラーや教育委員会関連のフリースペースや通所施設などの関わりも用意して、学校現場でのサポート体制を整えます。学校生活への適応は子どもの成長と安定に大きな影響があります。非行の問題では、警察との連携は必須でしょうが、家庭にネグレクトなど子どもへの無関心が背景にあることが多いので、親の状況が変化しても、念のために継続的に関わる人や機関を整えておく必要があります。可能であれば児童心理司の担当との継続的な面接も大切です。

横浜市の場合は児童相談所自体にも重層的な職員配置がされており（自治体によってはいまだに人的配置が十分ではないことも多い）、一つの事例に対して重層的な支援者を配することが可能な場合もありますが、これに加えて様々な関係者や関係機関の特徴を生かして、継続的で安定した治療関係を構築することがこの時期の目標の一つになります。

親子の距離を遠ざけないために

子どもへの愛着が強い親でも、子どものいない生活に徐々に慣れてしまうことはあります。ましてや、ネグレクトや子ども以外の誰かあるいは何かを選んでしまった親にとっては、子どもとの物理的な距離の広がりは子どもへの気持ちを弱める大きな要因になります。

施設に子どもを預けている親は、施設に対して様々な複雑な感情を抱いています。まずは、「あの自分の子ども」が過ごしている場であるという気持ちがあります。虐待を加えてしまった子、時にはそのために自分が責められた原因を作った憎々しい子、申しわけなくて顔を合わせられない子、そして何よりも自分が産んだ子、など様々な思いを抱く子どもがそこにいる、重々しい複雑な感情の対象が施設なのです。

施設に自分の子どもの養育を取られているという感情と、子どもが世話になっている・面倒見てもらっているとの感謝や後ろめたさという両価的な葛藤も顕著です。子どもが他人の手によって成長していくのも複雑な感情を惹起します。写真等で、または目の前でそういう成長していく姿を見せられる、あるいはそれを施設や児童相談所の職員が喜ぶ姿を見せられるのは親にとっては残酷なことかもしれません。

また、多くの虐待者が述べるのは、自分が「虐待者」として見られている、そのため見張られているような気になるということです。子どもへの態度や言葉かけの全てをテストされているように感じてしまう親は少なくありません。そのために、児童相談所で見せる姿と施設で見せる姿が大きく異なることも珍しくないでしょう。ある母親は子どもに会いに施設に向かう時、施設の門から玄関までの数十メートルがものすごく長く感じられると話してくれました。施設の職員はこのような親の複雑な気持ちを知っておかなくてはなりません。それらの気持ちに対して十分配慮して、子どもの側に立ちすぎて、親を責め排斥してしまわないようにしなければいけません。

子どもの生活や成長の様子をできるだけ伝え続けることも親子の距離を広げてしまわないためには必要です。子どもが学校で作った作品を送り、手紙を交換するなども良いでしょうし、どこの施設でも行われているでしょうが、施設や学校における様々な行事に招待します。子どもの成長を伝える際には、単に施設で成長したと伝えるのではなくて、成長して顔つきが親に似てきた、個性が出てきて親のこんな点に似てきたのではないかなどと親と関連させて伝える配慮があると良いでしょう。

入所後数年（乳児院の場合は数カ月）以内には再統合が可能と判断される事例においては、面会や外出、外泊などは当然早くから始められるべきです。家族にもそのことをきちんと伝えて、入所の段階から帰宅までの大まかなプログラムが作成されるべきです。とにかく子どもの存在を繰り返し伝えて、児童相談所や施設からの働きかけをしつこく行って、親が子どもから離れてしまわないよう働きかけ続けることが肝要です。

再統合可能か否かをアセスメントする

アセスメントする際の基本的目的は二つあると考えます。一つ目は、どのような問題があって親子の分離が必要となり、その問題はどの程度変化・改善したのかということです。二つ目は、危険性がどの程度残されているかということです。

最近は再統合に向けて親子や家庭環境などをアセスメントするためのチェックリストなどが充実してきています。チェックリストなどの道具はそれを利用することによって「見落とし」を最小限にすることができます。東京都が再統合後の死亡事例を調査した時に、再統合のためのチェックリストにそれらの事例を照らし合わせたところ、十分改善していなかった点や見落としていた点が必ずあったとのことでした。ベテランの有能な児童福祉司が、頭の中で見事に問題点を抜け目なく整理して再統合を果たしましたということもあるでしょうが、見落とすのが人間です。昨年度、厚生労働科学研究の中で、家族再統合のための全国共通版のチェックリストが作成されました（個人的には東京都作成のものが最も良くできていると感じました）。東京都、神奈川県、横浜市など先駆的にチェックリストを活用してきた児童相談所のチェックリストを集めて、作成されたものです。大いに活用すべきと考えますが、これを利用する際には担当の児童福祉司がひとりでチェックすべきではありません。他の関係する職員や時には関係機関の職員と議論しながらチェックします。担当者は担当している事例に対しては判断が甘くなる傾向があります。それを避けるためでもあり、関係者が情報を出し合い共通の認識を持つ良い機会になるからでもあります。横浜市では、前述したようにスクリーニングシートやアセスメントシート（学童版、乳幼児版）を使用しています。

チェックリストの利点は認めますが、多くの場合それは現況のアセスメントをする道具であるように思います。であり、生育歴や生活歴は縦断的なアセスメントに貢献します。家庭であるいは親子の間で発生した問題は、虐ここでも生育歴や生活歴はやはり重要な役割を果たします。チェックリストは横断的なアセスメントをするもの待者の人生においていつごろからあった問題（虐待者が自分の親や配偶者と同じような関係を有していた場合もある）なのか、今後改善できる可能性が高いのか低いのか、虐待者自身の親との関係などが反映されていないかなどは、生育歴から知るしか方法がありません。配偶者や恋人などの影響、職場を追われたなどの社会的・経済的影響などがあり、そういった状況に揺さぶられて発生していた虐待であるならば、その状況から脱することができたので再統合を考えるということになるのでしょうが、状況が改善した場合でも何ゆえそのような状況下でそこまで動揺したかについての吟味は――個人の問題と状況因と――当然必要ではあります。長い期間依存症に陥り、薬物などを止めてもまた再開するということを繰り返してきた人に対して、今回は大丈夫だろうと何の根拠もなく判断するわけにはいきません。現時点の状況からの判断に頼りすぎずに、生活の連続性の中から今後を予測してアセスメントする姿勢が大切です。

子どもの場合には、家庭に帰り、家族をてこずらせ困らせる要素はないかというアセスメントが基本です。それが精神障害や問題行動であれば治療を開始します。私たちの一時保護所からの帰宅事例の調査研究で、6カ月以内に虐待が再発して保護所に戻ってくる事例の特徴として「子どもの不信感が消えていない」という項目も有意でした。子どもが虐待者などに恐怖感や不信感を残していると、どうしても親の表情や機嫌を探ってしまいがちになります。そしてその眼差しを受けた虐待者は、自分がまだ責められているような気分になり、見張られているような気分になるそうです。良い関係が築けるはずがありません。親に対する子どもの安心感のアセスメントも非常に大切といえます。

危険性の評価についても生育歴・生活歴を参考にした縦断的な視点を加えた評価が重要です。特に精神障害の影響についてはその経過などが大切です。現状が安定していても、それまで不安定な経過を繰り返している事例では、慎重な見極めが必要で、観察期間も長めに設定する必要があります。衝動性、抑うつによるイライラや希死念慮、気分の急激な変化（急に攻撃的になるなど）、妄想に支配されている様子、薬物の使用などは子どもに危険を及ぼす可能性が大ですから、そういった状態像が繰り返されることがなかったか、どのような状況で陥りやすいかなどを把握しておく必要があります。精神症状ではなくても、著しく厳しい枠作りをしたがる、体罰を必要なものと強調する、虐待に対する内省がほとんどない、乳幼児の安全への意識が希薄などの場合にはやはり子どもの危険性は高くなります。こういった傾向が、ある状況下で最近見られるようになったものか、学生時代から性格傾向としてあったものかの違いは、変化できる可能性を判断するうえで大きな違いがあると考えなくてはなりません。

いかなるアセスメントにおいても、チェックリストなどを利用した現在の状況を幅広くアセスメントする視点と、生育歴・生活歴からの連続性をアセスメントする視点との両方の視点を持つ姿勢が大切です。

家族再統合を進める際の基本的な考え方をまとめておきます。まず虐待が発生した背景（状況や問題点）がどのようなものであったかを知ります。次に親子分離中にそれらが改善あるいは解決するよう努め、解決されていない問題が残っている場合にはそれが再統合の妨げにならないか（子どもの危険性に結びつかないか）を判断します。そしてその残った問題にはどのような対策を講じることができるか、あるいはできないのかを吟味して再統合の可否を決定して、残った問題に対して再統合後の支援を形作ります。再統合を進める際にすべきことはこれらのことに尽きると思います。その際の改善あるいは解決の具体的な方法などを次の「家族再統合の実際」で述べていきます。

4　家族再統合の実際

危険回避や親子関係を改善するための様々な取り組みや技法が考えられてきていますが、それらに取り組む際に最も重要なことは、家族や子どもが児童相談所や児童福祉施設の職員との関係を深めていくことです。第三章で述べたような虐待の背景を全て解決して再統合が実現する事例は皆無といえるかもしれません。何らかの問題点は残したまま再統合は進むものであって、それゆえ常に、虐待が再発して子どもがまた施設に戻ってくる可能性は考えておかなくてはなりません。子どもと暮らし始めると様々な困難や葛藤に見舞われることは避けられず、その時に頼れてＳＯＳを発することのできる対象があることは、虐待再発予防のためには必須のことと思います。そういった関係を、再統合のためのプログラムを進めるなかで、築いていくことが何よりの安全弁であることを忘れてはいけません。

家族再統合は、すこし考えてみると、当然のことではありますが、退院の作業に似ているかもしれません。入院の理由になった症状が消失または軽減して、退院の覚悟がつくと様々な準備をして、再発の不安を抱えながら退院していきます。医者からは様々な生活上の助言をもらい、頓服の薬も出してもらいます。退院したらそれですべてＯＫというわけではなくて、その後も定期的に、主治医が許してくれるまで通院して薬を内服し続けることが必要です。

その主治医の助言もそうですが、再統合を進めるに当たっては一層の助言や枠組みが必要になります。この際の基本はやはり「具体的であれ」ということです。養育能力や問題解決能力が状況の困難さに比して不足していたために虐待は発生していたとも言えるのですから、具体的な援助や助言が必要であるのは当然です。かつて思春期病棟で受け持っていた女の子が、退院して転居もして筆者の手元を離れてだいぶ経ったころ「母親が風邪で寝込んでしまったが、何を作って食べさせたらよいか」という電話をくれました。めん類の消化が良いこと、パン粥なども良いことを伝えると「A先生（筆者の前任者で、前の主治医）は、〜を作れといってレシピを教えてくれました。それが金井先生とA先生の違いです」と言われてしまいました。助言や指示はより具体的で、相手の要求やレベルなどに合わせてなされるべきものであるということを強烈な形で教えてくれたのでした。虐待をしてしまった親の中には、体験の少なさや能力の低さなどをもった親が少なくありません。具体的であることはやはり基本であるように思います。

全国各地で様々な再統合に向けての試行錯誤が繰り返されていると思います。ここでは主に横浜市で、私たちが行っている実践を中心に述べたいと思います。

親子（関係）の状態をアセスメントする

親のアセスメント、子どものアセスメント、環境のアセスメントなどが済むと、次に必要なのはそれらの相互作用のアセスメントと言っても良いかもしれません。とりわけ親子関係のアセスメントは、最も重要かもしれません。親子関係テストなど多少客観的に親子関係を分析する方法もありますが、やはりできるだけ生活場面で親子を直接観察することが大切です。この項では、そのような立場に則って、再統合プログラム開始前の評価と、開始後の評価のあり方とを一緒にして述べていきます。

再統合を進める候補としてある事例が担当者から挙げられると、再統合チームは、まず親子関係状況尺度（子どもの情緒・子どもの行動能力・親の情緒・親の行動能力・親との愛着関係・家族環境尺度などの大項目にわかれたチェックシート）を用いて親子の状況をチェックします。これらの得点をレーダーチャートに落とし込み、親子関係の状況を大雑把に把握し、どの部分を支援し強化するかを決めていきます。

さらに、横浜市の児童相談所では、ワンウェイミラーを利用した親子観察、家族支援室を利用した家族観察を重視しています。児童養護施設や乳児院から措置中の子どもを児童相談所まで連れてきてもらい、そこで親と面会します（親が職員と一緒に来ることもありますが）。観察室に職員がいることをあらかじめ伝えたうえで、面会を始めてもらいます。日常の様子との違いや共通性を見るために、子どもから離れられる時には施設の職員にも観察室から一緒に観察してもらい、討論をします。遊びの場面、おやつの場面、食事の場面など、そのつど様々な状況を設定するようにします。職員が一緒にいる時といない時、父親がいる時といない時、祖父母などがいる時いない時、きょうだいを入室させるか否かなど、参加者の設定も変化させて、その様子を観察します。たとえば母親の養育能力や緊張の度合いなどを父親にも理解して欲しい時には、父親にも観察室に入ってもらい、一緒に観察し、職員が気づいたことを伝えます。当然母親・父親が入れ替わることもあります。

家族支援室とは、畳の和室2部屋にフローリングのダイニングキッチン、シャワー室に洗面所、トイレ、家電用品と食器などが完備された、アパートのような独立した施設で、保護所と同じフロアにあります。宿泊もできますが、今のところほとんどの場合は土曜や日曜などの日中を、この部屋で家族一緒に過ごしてもらう形式を取っています。その間に職員が、家庭訪問のような形で入れ替わり訪室して家族の様子を観察します。昼食の準備をする時の夫婦の役割分担の様子、乳児であればお昼寝で子どもを寝かしつける時の様子など、子どもが家庭復帰した時の家庭生活の様子を擬似体験してもらい、それを職員が観察し、評価し助言します。第一子出産にもかかわらず産院を逃げるように退院してしまった母親には、その後そこで保健師が沐浴指導を行ったこともありました。

その他にも生活場面に密着した観察は様々な場面で可能です。ある乳児院では面会中の親子の散歩に、数十メートル離れて記録用紙を携えながら、ついていきました。初回の「追っかけ観察」では、子どもの動きに全くついていけず、子どもの豊かな反応にほとんど反応もできずにいた母親が、約半年後の「追っかけ観察」では、子どもが成長して、把握しやすいメッセージを発するようになったためもあってか、危険を伝えたり情緒的なやり取りをできるようになり、外出時の子どもの危険をだいぶ回避できるようになっていました。

再統合プログラム開始後の観察の主な目的は二つあります。一つは観察から今後の生活を予測して、危険性などに対しての対処を考えておくこと、もう一つは観察したことを原則、家族と施設には伝えて問題点を共有することです。そのため筆者は、時には記録した内容をそのまま（ある程度選択はしますが）虐待者を含めた家族に対して解説しながら読み上げることもあります。この時に次回の面会設定時に心がけるべき子どもへの対応目標、たとえば「もっと言葉を多くかけましょう」「もう少し子どもがやっていることに手出しせず待ちましょう」なども明確にしておきます。

施設職員と共に観察して、面会場面での出来事や意味を把握しておいてもらうと、子どもが施設に戻った後の様子を観察する際に役立ちます。施設に戻ってぐったりと疲れてしまうような場合、興奮して親と遊び疲れたのか、気を遣い疲れてしまったのかなど、ある程度その意味を考えることができます。施設内での面会時と同じように過ごしていたのに、初めて児童相談所での面会を設定したその夜、子どもがうなされていたとしたら、慣れない場面設定の影響なのかもしれません。そのように反応の意味を理解しやすくなり、親子関係の評価をより緻密に行えるようになります。児童相談所と施設の職員が共に観察することもまた大きな意味を持ちます。

親子間の関係の安定や成熟を評価し、再統合の可否を決める最終的な視点は「子どもが最も強力な指標である」ということです。面会や外泊をして帰ってきた時の子どもの様子や言葉がどのようであるか、しばらくして親との時間や親への思いをどう語るかなどをきちんと確認するべきでしょう。時々経験することですが、外泊の時や引き取りの時に親に子どもを渡す場面で、それまで甘えてきてくれていた子どもが親の前では職員を無視するかのごとき態度をとることがあります。親に義理立てをしなければいけないような思いを子どもは抱いているのでしょう。担当者としては淋しい思いをしてしまうのですが、最も淋しく不安で、担当者に対して裏切ってしまったような気持ちでいるのは子どものほうであると思います。親に対してそのような態度を取らなくてはならない親子関係はまだ不安定であると考えざるをえないでしょう。このような子どもの態度や反応などが、常に引き取りの可否や引き続きの支援が必要か否かの判断根拠になります。

親子の意思を確認する

親子が離れた状態で、各々の問題を整理して虐待の傷も癒えてくると、家族再統合に向けてのより具体的な準備が始まります。この時に最も大切なことは親子の意思確認を繰り返し行うということです。子どもは身近な人の感情に非常に敏感です。親が何を求めているか、自分の担当職員が何を求めているかなどを敏感に感じ取っていると考えるべきです。そのため、親の前では家に帰りたいと言い、職員の前では帰りたくないと言うというようなことがよく起こってしまいます。時には親からの脅しや現実的ではない約束などによる影響を受けることがあるため、子どもの意思を確認する時には常に親からの影響、親へのサービス、過剰な期待などが潜んでいないか注意を払う必要があります。学校の先生、児童相談所の職員、施設の職員など人を変えて場を変えて、面会意思・帰宅意思などを確認していく必要があります。

また、子どもは状況に揺さぶられやすいということも既に述べました。そのため、絶対に家には帰らないと言っていた子どもが、親からの優しげな手紙をもらうと涙を流して「会いたい、帰りたい」と言い出します。同じ部屋の子どもにいじめられると「帰りたい」と言い出すこともあるでしょう（急な意思の変化の背景には、生活場面の不適応やストレスが認められることが多いようです。そんな場合は生活状況のチェックが必要です）。そのたびに、家庭で起きたこと、その家庭に帰る意味を、子どもと話し合わなくてはいけません。人だけではなく、時間的にもタイミング的にも、意思を確認する時には配慮が必要ですし、何度も確認する必要があります。

ある程度の年齢（2～3歳）になっていれば親に会いたいか否か、親の元に帰りたいか否かなどを言語化することができるようになります。しかし乳児の場合はそうはいきません。そのため、乳児期の子どもの意思確認は困難です。状況に揺さぶられやすいという特徴も実は最も強いはずです。食欲が低下したり、著しく緊張したり、激しく泣いたりと、乳児もなんとか言語表現に近い形で意思表示をしてくれます。上述のように、親と会う前後の様子、親と会っている時の様子などからも乳児の意思は推測できます。それを次には納得できるように親に伝えるのは、児童相談所ならびに施設の職員の役割です。

子どもの意思を確認する時にはできるだけ職員、家族、子ども本人などが一堂に会して確認作業が行われることが理想的です。お互いの微妙な態度やニュアンスを共有できる長所があります。しかし子どもの意思は様々な要因によって揺れ動きます。親が家庭復帰を押しつけてくるような場合もありえます。子どもが「帰ってきたいでしょ」という親の圧力に圧倒され固まり何も言えないという場面に同席していたこともありました。子どもが自分で親の元に帰りたくないと意思表示することで、親子関係を悪化させ、時には意思表示した子ども自身が傷つくこともあります。そのような可能性のある場合には、子どもが決めるのではなく、児童相談所や施設の職員が決めた形を採ることも必要です。この場合はもちろん、再統合のプログラムを進められない可能性も大になります。

この意思確認の作業は、同時に親子の不安を聞きだす作業にもなります。子どもは家には帰りたいが不安なことはある、親は家には帰ってきてほしいが不安なことはあるというのがもっとも自然な状態です。かつて、精神科病棟勤務時代、退院間近の患者さんに不安がないか聞いて、即座に「ない」と答える患者さんの退院は少し延期するようにしていました。生活環境が大きく変わろうとしている時に、不安も感じないようでは、現実をきちんと理解していると思えなかったからです。虐待を受けて分離された子どもからは、また叩かれないだろうか、置いていかれないだろうかという具体的で幼い不安が語られることがあって当然でしょう。親からは、学校でうまくやれるか、新しく友達ができるかなど、子どもの立場に立っての不安を抱く場合もあれば、以前のように言うこと聞かなくならないか、保育園送迎で自分が潰れてしまわないかなど、自分に関する不安ばかりを言ってくる場合もあり、これもまたその親（の状態）を知るための大切な情報になっていきます。いずれにせよ、その不安を聞き、受け止めた側は、その不安をやわらげるべく慰め、具体的な支援方法を考えることが必要になります。そのためのヒントを与えてもらえたと考えるべきです。

最近は親子の意思確認に加えて、施設職員の意見確認も大切にされるようになりました。厚生労働科学研究のチェックリストの中にもそのことが反映されて、施設と児童相談所の意見一致の項目が盛り込まれています。措置権はあくまでも児童相談所にありますが、子どもの日常を支えて親とも最も頻回に面接している施設職員の意見も貴重です。前述したように筆者自身が直接再統合に向けて関わった事例（知的障害ある幼児）は、病院や療育機関の強い反対を押し切って再統合を果たしましたが、その3カ月後に両足大腿部骨折で運ばれてきました。冷静に振り返ると、反対する施設側の根拠は明確であり、それら反対意見に対して意地を張っての失敗であったように思えます。複数の判断が一致することがやはり理想ですし、一致しない場合はより丁寧に慎重に再統合プログラムを進めるべきであると強調しておきます。

プログラムを作成・開始する

再統合の方向性が定まってきたら、再統合の日に向けてのスケジュールを作成していきます。面会をいつから何時間どの程度の期間行い、次には外出、そして外泊と徐々に手順を踏んで、親子の接点を増やしていきます。対象が乳児の場合には先ほども述べたように、意思確認が困難であるため、この手順を踏む間の子どもの反応を確認しながら、一層慎重に進めていく必要があります。本来再統合のプログラムは、虐待への介入が始まり、子どもを施設へ分離し、その間に様々な治療や心や環境の整理を行って、そのうえで帰宅を目前にした様々な支援や環境調整を行い、再統合後も関わりを続けるという一連の介入の全てに対して作成されるべきものですが、ここでは主に再統合を目前にした段階のプログラムについて述べていきます。

このときに、まず親との間に（年長児では子どもにも）このプログラムを中止する場合、または延期する場合の判断基準を明確に交わしておくことです。強引な面接・引き取り要求をしてくる親ほど虐待再発の可能性が高いことを述べましたが、要求の強さに押されてやむをえずプログラムを開始することもまれではないでしょう。その時ほど、中止・延期の要件を明確にして、それを文書にして親に渡しておくべきです。ちなみに事例によって異なりますが、横浜市では、家族に手渡すハンドブック『ご家族のいい出会いと再出発のためのプログラム（ご家族向け）』の中に具体的に判断基準を明記しています。新たなハンドブックを作成中で、現在はそれを基本にして個々の事例に対して必要な部分を抜粋・加筆して手渡すようにしています。これらの作業は、家族・本人・施設・児童相談所が一体となって進めるべき作業です。そのため、プログラム作成時には、施設の職員はもちろんのこと、本人や家族も積極的に参加することが理想的です。
「強引な引き取り要求や面会要求のある場合」など、親が焦り職員がそれに巻き込まれている間は、どうしても準備が不十分になり、その後起こるであろう様々な困難の予測が甘くなります。そのため、著しい焦りを見せる親に対しては、少しでも再統合までの時間を稼ごうとするのですが、この作業が非常に困難で、ややもすると、親と職員との関係を壊してしまうことになります。この時の基本は、親が納得できる問題点や症状などを見いだしていかに伝えることができるか、相手の自信のなさや不安をいかに見抜くことができるか、ということだと思います。なかなか子どもを帰してもらえない時に、親は自分の養育能力や愛情などを否定されているように感じるようです。そのためにも、親子観察を行い、子どもの緊張している様子や、関わりすぎての疲れを自覚できない親の様子など、具体的な所見を見出すことが大切です。一方で徐々に慣れてきている様子や、親の関わりで評価できる部分など肯定的なメッセージも同時に伝えるようにします。また、この時にも子どものペースが尊重されるべきです。子どもが久しく離れていた親に慣れていくこと、安心できるようになることが最も大切です。そのための時間は必ず保証してあげなくてはいけません。子どもにとって最悪なことは、家に帰ったらまた虐待が始まり、再び施設に舞い戻るということを何度も繰り返すことです。そうならないために、慎重に進めているということをきちんと伝えて、それを理解できないほど焦っているとしたら、非常に危険なことであることも伝えます。これは二重拘束による、半ば脅しのようなものではありますが、最も大切な事柄です。焦っている親が、子ども中心に考えられるか否かは、いわば「踏み絵」のようなものかもしれません。

再統合の成否は、プログラムを進めていく時に私たち職員と親が、子どもが家庭に戻った後に生じることをどれだけ予測して対応方法を準備できるかということにかかっています。先に述べたアセスメントは全てそのためであるといえます。乳児院でいやなことに対して意思表示をはっきりするようになった子が、親の前では言うことをよく聞いているとしたら、家に戻って半年も経たないうちに、聞き分けのない子に変身するかもしれません。その予想をきちんと伝えて、そんな場合には施設にでも児童相談所にでも相談してくるように親に伝えます。面会時に子どもの相手を1時間もすると親が疲れを見せるようであれば、子どもが帰って数週間も経たないうちに疲れてうつ状態に陥る可能性もあると考えて、保育園を確保し、ひとり遊びの大切さを伝えて、慣れるまでは無理して子どもの相手をしすぎないように指導するかもしれません。子どもが言葉ではなくて、態度や身体の症状で危機を訴えがちであれば、その傾向を親に伝えて対処法を一緒に考えておきます。再統合直後の食欲低下や反応のなさや過剰適応について、多くの場合に見られる退行いわゆる「赤ちゃん返り」や「試し行動」について、子どもが親を探るようなことも当然ありえること、多動など問題行動をもっている子どもへの対応方法、病気になった時の対処方法、分離しなかったきょうだいが嫉妬をする可能性のあることなど、伝えておくべきことは数多くあります。人生の様々な出来事やストレスに耐えられる幅は個人差の大きい部分です。妹や弟ができた時にさらりと乗り越える子もいれば不安定になる子どももいます。親も離婚や再婚や出産などで大きく変化してしまうこともあります。そういった予測も生育歴・生活歴から、面接や観察からある程度把握しておき、今後親子に生じるであろう影響や変化について、関係者や親子と話し合っておく必要があります。これら再統合後の子どもに認められる典型的な変化の特徴についても横浜市では前述の『ご家族のいい出会いと再出発のためのプログラム（ご家庭向け）』に記載してあり、ここを抜き取って家族に渡しています。

親が、伝えておいた種々の問題や変化に対してうまく対応できるよう準備することはプログラムの大きな目的の一つです。子どもの自己主張が出るようになり、うんざりした時に、あらかじめそれが予想されていれば、自分に生じた否定的な感情に慌てなくて済むでしょうし「言われていたようにうんざりします」と安心して児童相談所などに報告することもできるでしょう。病院で薬を処方する時に、起こりえる副作用を伝えておけば、実際副作用が出た時に、拒薬や通院中断の予防になります。治療を始めたばかりのころは、それまで懸命に働かせていた防衛機制が緩み、一旦症状が悪化したようになることがあります。これもあらかじめ伝えておくと、治療中断の予防になり、時には名医と思ってくれることとすらあることと同じようです。家族再統合においても、あらかじめ予想を伝えておくことは関係性にプラスに働きます。

予測もしなかった問題が生じた時の対応力を親に多少なりとも身につけてもらうこともプログラムの大切な目的かもしれません。そのためには「相談力」を高めてもらうことが最も大切です。問題が生じた時に自分たちを必要以上に責めてしまって追いつめられ、また児童相談所に子どもを取られるなどと心配し引きこもっていくのではなくて、「どうしたら良いか」と児童相談所に相談できるようにすること、家族や友人などにうまく相談できるようになることなどによって「相談力」は身につきます。すなわち、プログラムを通じて職員との信頼関係を強めることが大切です。

久々に子どもに会った虐待者（重度身体的・心理的虐待）である父親が、子どもに近づこうとするたびに子どもに大泣きされてしまいました。筆者は、父親に3メートル離れてとにかく座ってじっとして子どもをただ見守っていてください、と指示しました。その日のうちに子どもから父親にオモチャを渡す姿が観察されました。他の例ですが、ほとんど自分で養育したことのない母親には、ワンウェイミラーを使わずに親子場面に直接介入して、子どもの見せる行動の意味について一つひとつ解説することもありました。プログラムを進めて様々な状況で親子を観察していくと、家族のコミュニケーションの拙劣さや、養育能力の低さ、共感性の低さなどが浮かび上がってきてしまうことがあります。結局はプログラムに参加しているメンバーの全ては再統合を目標にしているのですから、この点については率直に具体的に家族や時には子ども本人にも伝えて、変化や成長を期待するしかありません。それでも変化しない時には、また話し合いをもって再統合の是非やペースを見直すしかありません。プログラムは淡々と予定通り進めるべきものではなくて、進めていくなかで改めて問題点を探り、その対応を考える作業です。

プログラムの中に治療的な支援を組み入れる自治体も多いようです。先にも述べたように、ペアレント・トレーニングなどの様々な技法の効果は明らかに認められますし、それを否定するつもりもありません。しかし、そういった技術によって虐待を生じる背景になっている状況などが大きく解決されるわけではありません。親子の関係が安定して再統合を果たした後にも、引き続く支援が必要である場合がほとんどです。再統合後にそれらの技法を活用することはありえますが、もっとも大切なことは職員との関係性維持ということです。必要な時に頼ってくる関係ができているか、訪問や支援を快く受け入れてくれるかということです。種々の技法はそのための媒介の一つと考えるべきです。

職員との関係性をできるだけ維持するために、ここでも職員は重層的に関係を維持しておくべきです。担当の児童福祉司との関係だけではなく、児童心理司や家庭訪問員など何人かが良好な関係を築いていることが理想的です。なんらかの出来事で職員の誰かとの関係が悪化することもありえますし、何より職員のうちの誰かが転勤になったときの安全弁になります。担当職員の転勤によって、関係が途切れてしまう事態は珍しくありませんので。

プログラムの達成度の判断を行う際にも子どもの気持ちや様子を中心に判断はなされるべきです。強迫的で完全主義の親は、たぶん与えられたプログラムを着実に完璧にこなすでしょう。時間もきちんと守り、職員の指示はメモして几帳面に実行します。ところがその融通の利かなさや、子どもにも完璧を求める圧力などは、むしろ子どもを窮屈にして苦しめるかもしれません。再統合後に虐待を再発させる大きな要因になることも十分ありえます。子どもはそういった親の姿に敏感に反応します。子どもの緊張がなかなか取れない、施設で見せる姿よりもあきらかに無理をして頑張っているなどがこのような事例では観察されます。そんな姿を見落とさないためにも、施設の職員と一緒に観察して議論することが有意義であると思います。

家庭を見守るシステムを作る

プログラムを進めていく時に、一方では同時に環境調整を進めなくてはなりません。虐待者（親）や家族の治療状況の確認、家庭環境（養育環境）整備の進捗状況の確認、見守り体制の強化などが中心になります。医療機関（特に精神科医療機関）との連携は欠かせません。まずは子どもの養育が可能か否かの確認から始まって、子どもを養育していくにあたっての注意点の確認、状態悪化の時の対応の確認などを行います。再統合の日までに、一度は主治医を交えたカンファレンスを行うべきでしょう。特に精神障害を有する親の場合には、主治医との良好な関係は最も強力な虐待予防手段となり、モニタリング・システムにもなります。

家庭環境を把握するためには、家庭訪問は必須ですし、再統合後の家庭訪問受け入れも確約しておきます。ここで家庭訪問を拒否するようでは、再統合など夢物語です。第三章でも述べましたが、よりオープンになるほど虐待は減りますが、逆に秘密を多く持ちたがるようでは危険性が大です。最も注意すべきことは、再統合後にその家庭が「見えなくなる」ことです。それを防ぐためにも、家庭に入り込んで風通しを良くしておくことが大切です。家庭訪問をしたら、乳幼児が対象であれば家の中の安全の確認と安全対策を、学齢児が対象ならばその居場所のあり様を確認してきます。保育園・幼稚園の通園経路や通学路の安全の確認もしてきます。買い物はどこでするのか、病院は近くにあるかなども見てくると良いでしょう。精神状態の悪化は家の雰囲気や片づけの様子にかなり反映されますので、再統合の前後の家庭訪問は重要です。
虐待の再発防止・早期発見のためには、地域の見守り体制も確立しなければなりません。

子どもを取り戻せれば、その後他人の干渉を喜ばない親は珍しくありません。連絡が取れない、家庭訪問を拒否するか、訪問しても留守がちであるなど、児童相談所や地域との関係を断つ傾向に陥ってしまうことが最も危険です。それを避けるためには、再統合前に契約・約束をきちんと交わしておくことや、保育園・学校や、祖父母などの親族、医療機関、民生委員・主任児童委員などの地域や市区町村の生活保護担当や精神保健福祉士など、その家庭に関わることのできる「安全装置」を形成しておく必要があります。児童相談所が訪問を拒否されても、区の保健師さんは訪問できる、家庭には入れてくれないが、学校では子どもの様子を把握できるなど、何重にも関われるシステムが必要です。母子家庭で養育能力や経済力の弱い家庭であるならば、母子生活支援施設で再統合直後の期間を見守ってもらうことも時には切り札的手段になります。いずれにせよ、これらの個人や機関への見守り依頼や役割分担もやはり児童相談所が具体的に指示すべきです。たとえば保育園には、3日続けて登園してこなければ連絡をくださいと依頼しておき、民生委員には週に1回は家庭の様子を見てきてくださいなどと、日数や間隔などを具体的に示して（メモなどを渡すと良い）約束を交わします。具体的でない依頼や指示には意味がありません。

また、親の負担軽減や子どもの安全確保のために、祖父母を養育に絡ませることを私たちは考えることがあります。この際に、親権のほうが強く、法的に祖父母が養育する環境が保証されていない現状では、基本的には祖父母は大きな力にならないと考えるべきです。さらに、年老いた祖父母が生活のかなりの部分を犠牲にして子育てに関与してくれることはまれであること、親が祖父母の言葉に従順であるような、祖父母が主導権を握れる親子関係は少ないこと、祖父母が長期間介入することを嫌うような親子関係が多いこと、虐待を受けたことによるのであろう子どもの行動の問題は大きく養育は困難を極める場合があること、などの理由から祖父母が養育の援助者としては十分機能しないことが多いと考えるべきです。一方で、祖父母が責任をもって子どもを引き取り育てる場合は、順調に生活できていく例もあるように思います。しかしこの場合も、親の登場に対して祖父母が子どもを守れるか否かの吟味が必要です。親（虐待者）への再統合をなんとか阻止して祖父母に養育をお願いした事例で、取り返しに来た親に簡単にいつの間にか子どもを手渡していた、ということを経験することがあります。

家庭復帰後の子どもの生活の質を考えておくことも重要です。私たちは虐待のあった家庭について考える時、とかく子どもの安全と虐待者との関係にばかり目を奪われがちになります。環境調整という時も、実はその視点ばかりになりがちです。子どもが保育園や特に学校に戻った時にどのような生活を送れるのか、学習の遅れをどのように取り戻すのか、友人関係はどのように再構築されていくのか、アルバイトはどうするのか、夜間ひとりの時間があるとしたらどのように過ごすのかなど、子どもの生活の質が保たれるためには様々な支援が必要であることに気づかなくてはなりません。「子どもからの視点」でもう一度全体を吟味する必要があります。その意味で、施設等入所中からせめて学校との関係はできるだけ密にしておくべきでしょう。担任等の面会を確保し学校との距離を保ち、入所中の子どもの成長や変化を伝え、この機会に心理検査や生活場面の様子などから把握した子どもの特徴を共有しておきます。家庭復帰が近づいたころには学校関係者や地域の関係者を交えたカンファレンスも必須と考えるべきでしょう。親子の関係はそういった人々によって支えられることを忘れないようにします。乳児院からの家庭復帰の場合には、保育園の確保をする場合が多いと思いますが、可能であれば、乳児院から、近くの保育園や幼稚園に短期間でも通わせ、通園に多少なりとも慣れさせておけるとよいでしょう（二重措置の問題はありますが）。

その他の留意点

再統合を目標にできない、またはしてはいけない事例もあります。性虐待で、虐待者が家族など身近な存在である場合は、米国では州によっては州法で再統合を禁止としている州があるほどです。元々ネグレクトがある事例で親が失踪してしまい行方知れずとなっている場合、親の精神症状が非常に重篤で、特に希死念慮が強く自殺企図を繰り返している場合、薬物依存が現在も続いている場合などは家庭復帰を目標とすることはしばらく困難です。再統合困難な事例を親の強い要求や職員の意地などで無理やり帰すことは危険極まりないことです。

精神科通院・服薬によって虐待が著しく軽減した事例については、通院しなくなり、服薬も自己中断してしまった時には虐待が再発する可能性を考えなくてはなりません。そのため、通院を中断した時には児童相談所に連絡をもらえるように、医療機関に協力を求めておくと良いでしょう。

何度かこれまでにも述べていますが、再統合を進めるに当たって、本来最も重視すべきことは、子どもの意思と子どもの状況など「子ども」です。子どもは、自分ひとりで生きてはいけない立場の存在であるがゆえに、非常に優れた敏感さを有しています。乳児院である子どもの観察をする時に、なるべく自然な状態で観察をしたいと思い、少し離れた位置から全体を観察していても、その子どもは自分を観察しているということに気づきます。また、何か負荷がかかると、途端にチック症状がでたり、食欲が低下したり、夜尿が再開されたり、暴れたりと、身体的症状や行動の問題で正直に表現してくれます。それゆえ、子どもの状態が最も有益な指標にもなります。子どもを中心に据えた再統合プログラムが作成されるべきであるのは、それらの理由があるためです。

5　家族再統合後の支援について

筆者の勤務していた大学病院の小児精神科（今年度から児童精神科に改称）では、児童精神医学の専門科であることと、一般の精神神経科との役割分担もあり、初診で18歳未満（高校年齢まで）、再診で20歳未満までの患者さんを診療対象にしていました。それゆえ、病気が良くなろうがなるまいが、20歳になると患者さんを手放さなくてはなりません。その段階で治療を終了できる患者さんももちろんいましたが、基本的には成人の精神科クリニックなどを紹介します。治療継続が必要か否かの判断は難しいことでした。もちろん20歳にならなくても状態が改善して、治療を終了することも数多くあったわけですが、この時にも判断を大いに迷いました。

治療終了時には「余韻をどう持たせるか」が大きなテーマでした。ある患者さんには「十分良くなったから、もうあなたには精神科は必要ない」と宣言して、その後自信を持って過ごせるよう後押ししました。またある患者さんには「精神科は必要ないけれど、何か困ったことや相談したいことがあったら、いつでも電話をかけてきなさい」と、いざという時の安心のための「お守り」を与えました。「夏休みや冬休みには、外来に遊びに来なさい」と、その後の経過を追えるような余地を残したこともありました。「紹介した医者が気に入らなかったら、電話をくれれば別の医者を紹介する」と、治療が途切れないように配慮したこともありました。

再統合後の介入・支援の継続にも、ほとんど同様の配慮が必要であると思います。もちろん、自分自身の生活や精神状態を保つだけの生活よりも、子どもを育てていくことのほうがさらに負担の大きいことですから、再統合後の支援には、一層のきめ細かさや多くの配慮や長い時間が必要な場合もあると考えなくてはならず、フォロープログラムを作成している児童相談所もあり、私たちも参考にしていかなくてはならないと考えています。

いつまで支援は必要か

人が新たな環境に十分適応するには、半年かかると筆者は感じています。また、厚生労働省、愛育研究所、東京都などの、再統合後の死亡事例の研究では、ほとんどが再統合後の半年以内に死亡に至る虐待が再発しているとの結果がでています。私たちの家族再統合失敗事例でも（幸い今のところ明確な虐待による死亡事例は経験していません）、帰宅後3カ月から半年あたりに、再保護が必要なエピソードが発生しています。この時期は子どもが新たな環境に多少慣れてきて、退行などの様々な問題を出し始める時期でもあり、周囲をサポートしている人々に油断が生じる時期でもあるようです。これらのことから、再統合後3カ月以内には必ず少なくとも月1回（理想的には隔週くらい）は家庭訪問または面接を行って親子の様子を観察し（必ず親子一緒の場面を観察する）、6カ月前後まではこのペースでの親子観察を続けるべきです。この時に、気づいた問題点は必ず話し合い報告することも必要です。「おかしい」と感じたことを無視してしまってはいけません。特に子どもの様子や親への態度には十分注意を払うべきです。行き詰まりを感じた時には、短期間の期限つきの（数日でも良い）一時保護など、なんらかの方策を検討します。

事例によって、週一回は来所または訪問で様子を見るべきか、2週に1回で良いかなど、頻度は現場で個々の事例によって判断しますが、親子が状況に慣れて安定し、子どもの安全を確信できるまでと考えると、再統合後の支援は、全ての事例で最低でも半年から1年は必要であるということが言えると思います。特に、半年間は経過観察を頻回に行うべきです。長期にわたって監視し監視されることは、する側・される側双方にとって非常に負担の大きいことですから、その後は状況次第ではありますが、徐々に間隔を開けていくことも一つの方法です。

基本的には懸念される問題が軽減されて、家族の安定が継続できる見通しがたつまで、支援を続けることになります。子どもが小学校に入学して、危険を自分で訴えられるようになり、自分の身の安全をかなり守れるようになった、何らかの事情で家庭が安定したなど、子どもの安全を十分確保できていることの確認が必要です。そして、多くの場合は、見守りのための諸機関のシステムを残したうえで、児童相談所による支援を終了とし、さらに安全を確保しておくべきでしょう。

現在、横浜市では、再統合チームが「フォロープログラム」を作成中です。新たに導入される進行管理サポートシステムを活用したうえで、区との連携を強化することを中心に考えているようです。

具体的な注意点

再統合を果たすと、家族の心配は、また児童相談所に子どもを取られはしないかということに移ってしまうことがあります。そのため、プログラムを進めていたころよりも、正直な報告や相談が減ってしまう事例に時々出会います。小さなトラブルは、私たちにとっても当然で、いちいち報告してくれる必要もなく、干渉するつもりはありませんが、大きなことまでも隠すようになることがあります。面接や訪問の時に素直に語ってくれないことも可能性として考えておかなくてはなりません。そのためこの時期の質問もできるだけ具体的にし、時には報告に対して調査確認することも必要になります。自分の目と耳で確認することが大切です。役割分担した各機関などにも、保育園や学校には通園・登校実態と外傷や身体発育などの観察を、病院には通院状況・服薬状況や状態の安定具合などをといった具合に、各々の機関が何を観察し見守るかを明確にしておくべきでしょう。

妊娠やきょうだいの誕生、失職、家族構成の変化、疾病罹患など新たな負荷がかかっていないか、異性関係の変化や夫婦関係の悪化などその事例にとって大きな刺激となりやすいと思える出来事が発生していないかなど、家族の状況には常に注意を払う必要があります。特に祖父母や親類縁者に養育を託した場合、親（虐待者）がどのように関与してきているかを確認することが大切です。

再統合の直後に転居してしまう事例には特に注意を要します。あらかじめ転居の予定を報告してくれている事例でも、児童相談所の関わりやその後の地域の見守りネットワークを確保しづらく、家族が慣れない土地で孤立する可能性もあり、危険が増しがちです。ましてや転居の予定を報告することなく子どもの引き取り後に転居してしまう事例はさらに危険性が増すと考えられます。転居先の児童相談所への情報提供、特に危険性を十分伝えるようにします。

職員の転勤などにともなう担当の交代にも注意しなくてはいけません。丁寧に申し送りをしても細かい情報や微妙なニュアンスなどは伝わりづらいものです。医療機関でも主治医の交代を契機に治療を中断してしまう例は時々認められます。児童相談所との距離が離れてしまうことにもなりかねません。かつてある有能な児童福祉司が定年を迎える時に、何人か将来的に入院など医療機関の関わりが必要になりそうな事例に対して、筆者の面接や家庭訪問を設定してくれました。児童心理司や医師や上司などを、ある程度事例に絡ませておけば、事例の詳細を把握して関係性がある程度できている、担当以外の職員が交代時期をつないでいくことができると思います。そのためにも様々な職種の職員が各々の特性を生かした重層的な関わりをすることや、複数担当制などが薦められます。

里親への対応

里親委託の場合も、家族再統合と同様の注意を払うことが必要です。最近まで、里親委託後の支援は、里親からの要請がなければ積極的な支援は行われない傾向にありました。里親の側も、特に特別養子縁組がなされると公的機関からの介入を好まない傾向の方も散見されました。そのため、時には里親が孤立し、子どもの問題行動や関係不調などを自分たちで解決しようとし、追い込まれていった事例もありました。

児童福祉法の改正で、厚生労働省令によって定められた研修規定によって、里親の認定から委託後まで、児童相談所などが計画的に支援する体制を整えることが求められるようになりました。横浜市でも、里親希望者に対する基礎研修、その修了者に対する新規認定研修を経て里親に認定（登録）され、認定後には子どものお見合いなどを行ってやっと委託が可能になります。養育里親の登録更新時には登録研修、さらに希望者には課題別研修も用意されて、様々なステップでの研修が整備されました。

里親と子どもがお見合いをして、それから再統合プログラムと同様に面会から始まり、回数を徐々に増やして、外出・外泊へと歩を進めていきます。子どもと十分関係が作れたと感じていても、実際に一緒に生活を始めてみると、子どもは様々な反応を起こします。食欲が何日か非常に低下し里親を不安に陥れることがあることは良く知られています。睡眠リズムが崩れ、夜驚に困らされ、あやしてもなかなか反応してくれないこともあります。慣れてくるといわゆる「試し行動」が目立ってきます。もっとも、乳幼児が里親を「試してやる」という意図を持っているとは思えませんし、すねたり怒ったり甘えたり悪さをしたりということは、親子が愛着関係を作っていく過程で当たり前に繰り返されることですから「試し行動」と名づけずに「愛着形成行動」と名づけるべきと筆者は考えています。

いずれにしても、こういった委託後の変化を伝えておくことも、再統合の際と同じと考えるべきです。

里親のほとんどは、委託後の様々な問題解決を、自らの力で行うことのできる方たちであると思います。委託後の「愛着形成行動」もなんとか乗り越えて安定したころに、特別養子縁組の手続きを始める方が多いようです。このころになると、児童相談所の支援を必要としなくなる里親も目立ってきます。そのため横浜市では、委託後も月1回から数回のフォロープログラムを実施しています。さらに筆者の発案で、里親委託後6カ月ほど経過した親子に対して、常勤精神科医との面接を義務化しました。担当児童福祉司か里親担当の児童福祉司に周知しておいて、半年経過事例の面接を調整してもらいます。親子が慣れてきて子どもが様々な行動を見せるようになるころに、相談の機会を設定することと、その後も相談機関としての児童相談所の職員を頼ってほしい旨を伝えるために面接を行っています。

虐待をした親の元へ子どもを帰す時に、MCGグループへの参加を条件の一つにすることもありました。孤立を避けるためと、直接親子の様子を確かめることが目的でしたが、里親に対しても同様の配慮が必要です。里親の場合には、年4回の養育懇談会や里親サロン（里親の自主的グループ活動）が用意されています。すでに特別養子縁組も済んでいるベテランの里親から、認定は受けたものの未委託の里親までが混じって参加します。筆者も年に1回は参加して里親たちからの質問・相談を受けるようにしています。同様の立場の人が集まるグループの力は大きく、新米の里親たちにとっては心強く「孤立」を予防してくれます。ベテランの里親たちにとっても、子どもの思春期の問題や進路の問題など、相談すべき事柄は多いようです。

再統合と里親委託の類似点について主に述べてきました。今後の里親への支援と再統合の方法論とは互いに参考になるものを含んでいるように思います。

今後の課題

家族再統合を進めていくなかで感じる様々な課題を、箇条書き的に述べてみます。

乳児院の事例の中で産褥期うつ病や育児不安などを理由に主に自ら生後数カ月の子どもを預けたような事例や、産み落としの状態で子どもを病院などに置いていき、数日または数カ月後に名乗り出て引き取りを要求するような事例にもまれに出会います。そしてこれらの事例は子どもを預けるまでのほんの短期間であっても子どもを養育し、しかもその期間内に虐待にまで至っていません。そういった事例には、分離後の関わりから、養育能力の低さや家事育児の偏り、精神障害など、乳幼児が家庭で養育されるのに適さない様々な問題が認められるようになり、児童相談所が再統合が不適と判断せざるをえない事例も少なからず含まれます。親は早急な引き取りを要求し、児童相談所は応じるわけにはいかないとして、対立関係に陥ることもあります。これらの場合、実は児童相談所は子どもを帰さない法的根拠を持っていません。もちろん数カ月養育した間の不適切な状況が十分把握できていれば別ですが、児童福祉法の28条も、虐待の事実がないため、適応が困難です（嘱託弁護士などに相談しても無理であるとのことです）。やむをえず、様々な工夫をして少しでも先に再統合を引き延ばす努力をする以外に方法はありません。今後の法的な整備が必要な問題だと考えられます。

子ども虐待に対する精神医学的・心理的な治療方法の確立や人材育成もさらに求められます。特に、乳幼児期の治療は、治療効率を高めると思われますが、それを担う専門家も治療機関もほとんどないに等しい状況です。また、児童相談所がそれを担うには、あまりに人的配置に恵まれていません。

私たちの調査研究から、児童養護施設への措置を決定した子どもやその家族に対しては、措置前に様々な支援が行われていたことが明らかにされました。保育園の確保、経済的な支援、関係機関のネットワーク作り、精神科や心理的な治療の開始など、現段階で考えられる様々な支援が工夫されたにもかかわらず、親子を分離せざるをえなかった事情が背景に存在していました。そうやって親子分離した子どもを、またその家庭に帰すには、措置前の工夫以上のさらなる工夫が必要になることを示唆しています。そのように考えた時に、私たちは今後さらに今持っている支援方法以外の新たな方法論を開発していかなければなりません。筆者が尊敬するベテラン児童福祉司の言葉を思い出す必要があります。「焦らず、あきらめず、絶望せず」。児童福祉（あらゆる人と関わる職場）の場で、最も大切な心構えなのかもしれません。

あとがき

日々の業務に流されていると、根本的になにを大切にすべきか、ということを見失ってしまうことがあります。親の問題の大きさに振り回されて、子どもを中心に考えることが時々できなくなってしまいます。自分がなぜ児童相談所という職場を選んだかということと、子ども中心ということを時々思い出すようにしています。そしてそのことをできるだけ確認しながら書き表したいと思いながらこの本の執筆を進めてきました。

この本の一部分を読んでもらった職場の後輩が「先生が大切にしていることが伝わってきます」「先生がいつも言っていることだから理解しやすいです」との感想を述べてくれました。まさにそのことをこの本には著したかったと思っていましたので、とても勇気づけられました。この本をお読みいただいた読者が同じように感じてくださり、日々の業務に疲弊しそうな読者のお役に立てるとしたならば、とても幸せなことと思います。

それにしても、自分の考えをまとめて文章にすることは大変な作業ですし、自分の書いた文章を何度も読み直すことはさらに苦痛でした。執筆を迷っている時に「自分の父親の書いた本が、本屋さんにあったらちょっとかっこいいよね」と背中を押してくれた娘に感謝しなければなりません。そして最後に、執筆を勧めてくださり、めげそうになると励ましや助言のメールを送ってくださいました明石書店の深澤さんと、不慣れな繰り返しの多い文章に的確な校正をくわえていただきました閏月社の徳宮さん、内容の確認をしてくれた横浜市中央児童相談所の多くの職員に心より感謝申し上げます。

著者紹介

金井　剛（かない　つよし）

横浜市こども青少年局児童相談所統括担当部長 兼 中央児童相談所長

群馬県生まれ。1983年（昭和58年）群馬大学医学部卒業後、神奈川県立こども医療センター小児科レジデント、横浜市立大学医学部附属病院精神科、（公立学校共済）関東中央病院神経科、横浜市立大学医学部附属病院児童精神科などを経て、2001（平成13）年4月より横浜市中央児童相談所医務担当。2014（平成26）年4月より現職。

主な論文に「児童相談所における精神科医の役割」（『精神科治療学』星和書店）、「ケア職員のコンサルテーション」（『世界の児童と母性』資生堂社会福祉事業財団）、「児童相談所」（『発達』ミネルヴァ書房）、「児童虐待とADHD」（『児童青年精神医学とその近接領域』日本児童青年精神医学会）など多数。

福祉現場で役立つ子どもと親の精神科

2009年9月10日 初版第1刷発行

2015年3月 1 日 初版第3刷発行

著　者　　金　井　　剛

発行者　　石　井　昭　男

発行所　　株式会社 明石書店

〒101-0021 東京都千代田区外神田6-9-5

電　話　03（5818）1171

ＦＡＸ　03（5818）1174

振　替　00100-7-24505

http://www.akashi.co.jp

装幀　明石書店デザイン室

編集／組版　有限会社閏月社

印刷　モリモト印刷株式会社

製本　モリモト印刷株式会社

（定価はカバーに表示してあります）　ISBN978-4-7503-3055-6